杏坛花雨

教育教学漫谈

东北师范大学出版社

长 春

图书在版编目（CIP）数据

杏坛花雨：教育教学漫谈 / 邓志斌著. — 长春：
东北师范大学出版社，2021.6
ISBN 978-7-5681-7619-4

Ⅰ.①杏… Ⅱ.①邓… Ⅲ.①教育研究②教学研究
Ⅳ.①G40-03②G420

中国版本图书馆CIP数据核字（2021）第106405号

□责任编辑：石　斌　　　　　　□封面设计：言之凿
□责任校对：刘彦妮　张小娅　　□责任印制：许　冰

东北师范大学出版社出版发行

长春净月经济开发区金宝街118号（邮政编码：130117）
电话：0431-84568115
网址：http：// www.nenup.com
北京言之凿文化发展有限公司设计部制版
北京政采印刷服务有限公司印装
北京市中关村科技园区通州园金桥科技产业基地环科中路17号（邮编：101102）
2022年4月第1版　2022年4月第1次印刷
幅面尺寸：170mm×240mm　印张：9.25　字数：134千

定价：45.00元

目 录
CONTENTS

第一辑
教育教学感悟

第二辑

研修学习心得

第三辑

诗歌、散文、随笔

第一辑

教育教学感悟

论《论语》

  虽然以前上学时也曾学过《论语》中的一些名句，了解其中的意思，但因为没有对《论语》产生真正的兴趣，没有从思想上认识到《论语》的精辟，因此认识得很肤浅。参加了宝安区国学骨干教师培训后，在教授们妙趣横生的讲述中，在教授们激扬文字、谈论国事的谈吐中，我真正领略到了祖国传统文化的博大精深，再一次体会到了作为一名炎黄子孙的自豪感和使命感。参加培训之后，我开始到书城搜集大量与传统文化有关的书籍进行阅读。特别是孔子的《论语》，更给我留下了深刻的印象。

  古人云："天不生仲尼，万古如长夜。"读完《论语》之后，我认为确实如此。虽然孔子是一位几千年前的古人，但他人格高尚，思想既丰富又深刻，其思想高度非一般人所能企及。孔子思想以立身为出发点，认为人能立身于世的首要条件就是具有君子人格。君子具备仁爱之心，自重自律；表里如一，言行一致；积极进取，德才兼备；孜孜于学，注重实践；安贫乐道，谨守正义等等。君子能始终坚守人与人之间的相处之道，遵从不同的伦理关系，共同构建和谐友爱的人际关系和社会环境。由此可见，孔子确实是我国最伟大的思想家、教育家之一，在我国历史上的崇高地位无可替代。

  从结构和内容来看，《论语》是集合了孔子和其门下弟子言行的一本智慧语录，是一部语录体思想散文集，是儒家的重要经典之一。早在春秋后期孔子设坛讲学时期，其主体内容就已初始创成；孔子去世后，他的弟子和再传弟子代代传授他的言论，并逐渐将这些口头记诵的语录言行记录下来，集腋成裘，最终在战国初年汇辑论撰成书，因此称为"论"；《论语》主要记载孔子及其弟子的言行，因此称为"语"。古人又云："半部《论语》治天下"，《论语》这薄薄的一册书积淀了几千年厚重的文化底蕴与人生智慧，其中体现的先贤圣人的思想，点明了人生的真谛。纵然千年时光流转，但《论语》的光辉却永远照耀着我们，值得我们用毕生的精力去践行。

《论语》共有二十篇，分为《学而》《为政》《八佾》《里仁》《公冶长》《雍也》《述而》《泰伯》《子罕》《乡党》《先进》《颜渊》《子路》《宪问》《卫灵公》《季氏》《阳货》《微子》《子张》《尧曰》等。每一篇、每一章之间没有密切联系，只是大致以类相从；每一篇的题目只是截取每篇的开头两三个字而来，并不能概括本篇的内容。全书共512章，1000多条单句，内容涉及孔子的为政思想、学习理论及教育教学思想、伦理思想等方面，其中还有孔子弟子的一些言论及思想。下面我从四个方面谈谈自己的学习体会。

一、孔子的为政思想

孔子向往的是一个没有纷争、没有压迫的理想社会。他认为，统治者应以自己的高尚品德和人格去感化人民，使人民追随他，而不是简单地以强迫或压制的手段来使人民屈服。

《论语·为政篇》中写道："为政以德，譬如北辰，居其所而众星共之。"意思是说："用道德教化治理国家，他就会像北极星那样，处在一定的位置上，而众多的星辰环绕在他的周围。"在这里，孔子强调"为政以德"的意义。《论语》中又写道："政者，正也。子帅以正，孰敢不正？""子为政，焉用杀？子欲善而民善矣！""其身正，不令而行；其身不正，虽令不从。""'善人为邦百年，亦可以胜残去杀矣。'诚哉是言！""苟正其身矣，于从政乎何有？不能正其身，如正人何！"第一句的意思是说："'政'这个字的意思就是端正。自己带头端正了，谁还敢不端正呢？"这里孔子主张为政者要以身作则，正道而行。第二句是说："您治理政事，为什么要杀人呢？您想把事做好，百姓自然就会好起来。"这里孔子强调以德善治民的力量。第三句是说："当权者本身品行端正，就是不下命令，百姓也会执行；当权者本身行为不正，即使下命令，百姓也不会服从。"这里强调的是当权者行动的示范作用比行政命令更有效。第四句是说："善人治理国家一百年，也可以战胜残暴，免去杀戮了。"这句话说得确实正确啊！这一句进一步反映了孔子以德治政胜于刑戮治政的思想。孔子还说："假如自己的品行端正了，那么处理政事又有什么困难呢？假如自己品行不端正，那又怎能使别人品行端正呢？"意思是为政者治政，要先端正自己，然后才能端正天下。孔子还强调，尊崇五种美德，去掉四种恶政，就可以从政了。他所说的五种美德是：君子给老百姓好处，但自己不耗费；役使老百姓，但老百姓不怨恨；追求仁义，却不贪图财利；态度安泰矜持，却不骄傲；威严庄重，却不凶猛。孔子说的四种恶政是：事先不进行教化就加以杀戮，叫作虐；事先不告诫而要求立即成功，叫作暴；命令下达得晚，又突然限期完成，叫作贼；同样给人东西，却很吝啬，叫作小气。孔子认为"五美"的核心是廉洁奉公、不扰民，"虐、暴、贼、吝啬"等"四恶"皆可以乱政。

看到这里，我真是感慨万千。孔子不愧是一个德高望重的伟人，他极力推行的仁政确实令人向往。他推崇为政者的道德示范作用，认为要管理人民，为政者的德是首要的。如果一个人的德不可靠，那么他就很难让别人信服，也不可能诚心诚意地带领人们奔向幸福生活。有德无才是庸人，而无德有才则可能是一个恶人。我认为，在改革开放的今天，让管理者们认真学习《论语》是很有必要的。

二、孔子的学习理论及教育教学思想

在学习理论及教育教学思想方面，孔子也有深刻而又独到的见解。

我们首先来看他的学习理论。孔子说："学而时习之，不亦说乎？"意思是说："学习知识以后，在一定的时候实践它，不也是很愉快的吗？"孔子的这句话包含了两层意义：一是学习的过程中要不断地复习旧知识，同时把知识用到实践中去；二是学习是很有乐趣的，只要我们有兴趣，就能乐在其中。孔子又说："君子食无求饱，居无求安，敏于事而慎于言，就有道而正焉，可谓好学也已。"意思是说："君子吃不求太饱，居住不讲究舒适，办事勤快，说话谨小慎微，到道德高的人那里学习并改正自己的缺点，这样做就可以称得上是好学了。"可见，孔子以安贫乐道、敏行慎言、孜孜求道的君子为典范，教人求学之道。孔子特别欣赏自己的弟子颜回，认为他是一个真正好学的人。颜回住在一个简陋的房间里，一日三餐只有清水和馒头，但他不怨恨，不气馁，很快乐，每时每刻只想着学习，孔子认为这就是好学的典范了。是啊，颜回在未满足最基本生活需要的前提下仍能快乐、勤奋地学习，比起那些生活条件很好却不思进取的人不知强了多少倍！我们应以此为动力，在任何时候都不懈怠学习，要活到老学到老。孔子还说："告诸往而知来者。"意思是说："告诉了这一点，就应因领悟而知道另一点。"这是孔子总结出的学习方法之一，即学习知识后要学会灵活运用，要推此及彼、举一反三、触类旁通。孔子的"学而不思则罔，思而不学则殆""温故而知新，可以为师矣"更是耳熟能详，告诉我们学习的一些好方法，值得我们认真汲取。而孔子说的"知之为知之，不知为不知，是知也""朝闻道，夕死可矣""敏而好学，不耻下问""我非生而知之者，好古，敏以求之者也"等名句更告诉了我们对学习、对学问应该有的正确态度。孔子认为，治学中应持有一种踏实的学风，不要回避自己不懂的问题，而要勇敢地面对；对"道"要有一种"吾将上下而求索"的探索精神，要矢志不渝。从中我看到了孔子的智慧和严谨的治学精神，看到了他之所以成为"孔圣人"的原因所在。

其次，我想谈谈孔子的教育教学思想。孔子是我国伟大的教育家，早在两千多年前，孔子就已提出了许多前人从来没有提出过的教育教学理论，对今天仍有重大意义。在教学方面，他提出了启发诱导和因材施教的原则。他说："不愤不启，不悱不发，举一隅不以三隅反，则不复也。"（《论语·述而》）"愤"是指学生处于思考之中，急于解决而又尚不得解决之际；"悱"是指学生有所思考，尚未成熟，欲言而又无法表达之际。孔子认为，只有当学生学习处于这样的时刻，教师才给予适当的点拨和引导，不要过早地包办代替。孔子的启发诱导有两个含义：一是实行启发时必须抓住时机，二是实行启发时必须有明确的要求。这对当前的新课改仍有具体的指导意义。他还指出，教师要注意培养学生的逻辑推理能力。他以方形的四角为比喻，强调教师只需讲清其一角的道理，要学生以此推知其他三角，即举一反三。举一反三是一种重要的学习方法，一旦掌握则受用终身。语文新课标还指出："阅读是学生的个性化行为，不应以教师的分析来代替学生的阅读实践。应让学生在主动积极的思维和情感活动中，加深理解和体验，有所感悟和思考……在教学中充分发挥师生双方的主动性和创造性，教师应转变观念，成为学习活动的组织者和引导者。"新课标要求广大教师改变以往只是"传道、授业、解惑"的传统角色，改变教师单方面灌输、学生只需接受的教学方式，代之以学生的主动学习、积极探索为主导，教师给予必要的组织和引导，这刚好与孔子的教育思想不谋而合。由于孔子在教学中比较成功地运用了启发诱导的原则，所以他的许多学生往往能够举一反三、闻一知十，分析和解决问题的能力特别强，出色者"七十有二人"。

因材施教是孔子教育教学思想中的另一个重要原则。孔子认为，要根据每个学生的不同特点施教。要做到因材施教，首先要深入了解学生。孔子平时很注意通过观察和谈话的方法掌握学生的特点，提出了"视其所以、观其所由、察其所安"的观察方法，即看其现实的表现，再了解其过去的经历，还要考察其将来的志向。这样全面地了解学生，为孔子因材施教奠定了基础。当然，在我国现行的大班制的情况下，要做到如孔子这般详尽地了解学生是不可能的，但尽可能全面地了解学生，针对其特点进行教育还是能够做到的。语文新课标指出，要允许每个学生有自己独特的阅读体验，不能用一把尺子来衡量所有的学生，要珍视学生独特的感受、体验和理解。这是承认和培养学生个性和创造力的表现，也是承认学生个体差异、因材施教的表现。

孔子的教育思想还对"为师之道"做出了注解。孔子认为，教师首先要有"学而不厌，诲人不倦"的精神。而教师学好是教好的基础。只有教师能"学而不厌"，才能激发学生的求知欲望。的确，教育作为人生储备的时代已经过去了。在知识日新月异的今天，想抱着几年师范教育的资本就不注重学习的教师是注定要被社会淘汰的。教师只有不断学习经典教育论著，学习最新教育理念，学习最新专业知识，尽可能涉猎更多学科的知识，才可能高屋建瓴地进行教育教学，才可能在自己有常流水的基础上给学生一杯水。其次，孔子认为教师要"热爱学生、平等待人"。孔子自己就是这样做的，他把"仁者爱人"的精神倾注在学生身上，对学生怀有深厚的感情。孔子有一句格言："当仁不让于师。"意思是在真理面前，师生是完全平等的。在教育教学中，他鼓励学生大胆发表意见，反对学生盲目服从老师。第三，孔子强调教师要以身作则，率先垂范。孔子说："其身正，不令而行；其身不正，虽令不从。""不能正其身，如正人何？"孔子认为，身教重于言教，没有身教的言教是空洞的说教，失去教育的力量。教师往往被学生看作正义的化身，因此教师的言行举止对学生会产生深刻的影响。学了孔子的教育经验后，教师更应该端正自己的言行举止，以免造成不好的影响。

三、孔子的伦理思想

孔子的伦理思想包括仁、君子之道、修养、孝、礼、诚信等几个方面。孔子说："人而不仁，如礼何？人而不仁，如乐何？""不仁者，不可以久处约，不可以长处乐。仁者安仁，知者利仁。""君子去仁，恶乎成名？君子无终食之间违仁，造次必于是，颠沛必于是。"孔子认为，不尊重"仁"，则视"礼""乐"为无。只有具备了仁爱之心，才能正确地对待"礼""乐"。孔子认为，人无论在何时何地都不能丢掉"仁"，就是在流离失所的时候也一定要按"仁"办事，强调"仁"为万德之首。

孔子还特别强调"诚信"，认为"诚信"应在一个人的修养上占有重要

第一辑　教育教学感悟

地位，人们说话必须讲信用，做事必须坚决，他的这些观点从"主忠信""言必信，行必果""君子贞而不谅"等句子可看出。孔子的这些伦理思想在改革开放的今天尤其具有重大意义。早在几年前，中共中央国务院就颁布了《关于进一步加强和改进未成年人思想道德建设的若干意见》等一系列道德建设规范，旨在树立正常的道德线，使中国不负"礼仪之邦"的美名。

孔子伦理思想中的"孝"还给我留下了特别深刻的印象。孔子认为："孝悌也者，其为仁之本与。"认为孝顺父母和尊敬兄长是"仁"的根本，还指出不但要供养父母，还要时时有孝敬的心才能真正称之为"孝"。孔子说："今之孝者，是谓能养。至于犬马，皆能有养；不敬，何以别乎？"他的这句话能让当前社会的许多人都振聋发聩、大梦初醒。现在的社会是一个快节奏的社会，科技发达了，人们比以前更忙了，于是有很多人在忙赚钱、忙孩子的同时却独独忘了看望父母。虽然父母因我们的赡养而衣食无忧，但物质并不能代替父母的精神需求！特别是年纪比较大的父母，更需要儿女的探望。

四、孔子弟子的言论及思想

《论语》中还有许多孔子弟子的言论及思想，如子张回答子夏门人的话："君子尊贤而容众，嘉善而矜不能。我之大贤与，于人何所不容？我之不贤与，人将拒我，如之何其拒人也？"意思是说："君子尊敬贤人，也能够容纳普通人；夸奖好人，也怜悯那些无能的人。如果我是个贤人，对人有什么不能宽容的呢？如果我是个不好的人，人们将会拒绝和我交往，怎么谈得上我去拒绝别人呢？"这句话说明了"有容德乃大"的处世道理。又如子禽问子贡："孔子每到一个国家，都会听到一个国家的政事，是他问别人，还是别人主动告诉他的？"子贡回答："先生是靠温和、善良、恭敬、节制、谦逊这五种态度得到的。"这五种态度恰恰是孔子个人形象的真实体现，进一步展示了孔子作为圣人的风采。

孔子是中华传统文化的象征，也是世界上最具影响力的中国人，历代文人义士都尊崇孔子，如汉代司马迁赞孔子说："高山仰止，景行行之，虽不能至，心向往之。"封建社会也一直把孔子奉为"万世师表""孔圣人"，记载着他的光辉思想的《论语》则被世人誉为"东方的圣经"。我认为这个赞誉是当之无愧的。《论语》是中国传统文化的发轫，是中华民族道德与智慧的结晶，是一面映射着我们的道德情操和品性修养的镜子，对中国人思想系统的形成发挥着重要作用。我认为，每个炎黄子孙都应该认真研读《论语》，深刻领会其中的思想，积极传播其中的精神大义，弘扬我们祖国的传统文化，使我们的传统文化在现代社会散发出更灿烂的光辉！

第一辑　教育教学感悟

关注学生不正确的认识

当前，教育教学改革的大潮风起云涌，改革势头轰轰烈烈。此时，教师比以往更关注学生个性的培养，更关注学生创造性的发挥。反映在语文教学上，教师更关注学生独特的阅读感悟和体验，重视学生体验的多元化。《语文课程标准》指出："阅读是搜集处理信息、认识世界、发展思维、获得审美体验的重要途径。阅读教学是学生、教师、文本之间对话的过程。阅读是学生的个性化行为，不应以教师的分析来代替学生的阅读实践。应让学生在主动积极的思维和情感活动中，加深理解和体验，有所感悟和思考，受到情感熏陶，获得思想启迪，享受审美乐趣，要珍视学生独特的感受、体验和理解。"有了以上精神的指导，于是有的教师认为，珍视学生独特的感受、体验和理解，就是对学生任何不正确的思想倾向都不能妄加评论，不能给以否定，否则就是不尊重学生，就是不尊重学生的独特体验，就会磨灭他们的学习热情和探究热情。我认为这种看法有失偏颇，下面以我自己的一节课为例加以说明。在《放弃射门》第二课时的最后，我引导学生理解了福勒的再次放弃、初步认识福勒的"人性美"以后，仍有个别学生不赞同福勒为了对手安全而主动放弃射门的做法，认为他很傻，认为西曼如果因为扑球而受伤是咎由自取。这时，我没有赞成学生这种自私自利的想法，而是认真倾听两种不同的声音，灵机一动，又对学生提出了一个问题："老师听出来了，觉得应该放弃射门的同学是在乎生命和友谊，觉得不应该放弃射门的同学是在乎荣誉和成功，那么你们觉得哪个更重要呢？"我把这个问题板书到黑板上，学生的认识终于得到了统一。我又不失时机地让学生就福勒的行为谈谈自己的感受，同学们对他发出了由衷的赞美："福勒，你太伟大了！""福勒，你太好了！"我又对学生进行了"生命是第一位的，没有了生命，一切都无从谈起"的珍惜生命、尊重生命的教育。此时，再来认识福勒的"人性美"已是一件水到渠成的事。最后，在师生异口同声的赞美声中，学生的认识进一步得到了升华。

　　语文是一门教人求真、教人从善的基础学科，从语文学习中，学生可以学到许多做人的道理，这就是语文的人文性所在。《语文课程标准》指出：要重视学生情感、态度、价值观的正确导向，培养学生高尚的道德情操和健康的审美情趣，要帮助学生形成正确的价值观和积极的人生态度。这些是语文教学的重要内容，不应把它们当作外在的附加任务。应该注重熏陶感染、潜移默化，把这些内容贯穿于日常的教学过程之中。我们要充分发挥语文的人文性功能，充分重视学生不正确的认识，对他们不正确的认识给予正确的指导，这样才能使语文学科的人文性真正落到实处，才能对学生的世界观、人生观进行熏陶和感染，引导学生走向正确的人生方向。

第一辑　教育教学感悟

过度准备不足取

——我在教学工作中感到遗憾的一件事

看到这个题目，我认真思索了一下，不由想起了十多年前的一件事情。

那时，我是一名只有一年教龄的新教师，在一所小学任教四年级语文。由于之前都是教低年级，从来没有教过中、高年级，因此对中年级的教学极不熟悉。但刚开学一个月，我就接到校长两天后要来听我的课的通知，我急坏了，怎么办呢？为了使这节课成功，我精心挑选了一篇感人的课文《小珊迪》，并利用了两节课的时间让学生充分预习。我让学生熟读每一个生字和课文，并对文中所有的重点词语进行了解释，让学生抄下来回家背熟，还让学生把课文的主要内容都弄懂、弄透了。我想：该准备的都准备好了，学生到时肯定会有上佳的表现。

校长来听课的日子终于到了，我信心百倍地走进教室，准备演绎一节成功的课。只见课堂上我提的任何问题学生都能解答出来，一些重点词语更是不在话下，学生解释得几乎一字不差。唯一表现不太好的是学生的情绪。由于已经对课文了如指掌，学生失去了探索的乐趣，他们学习的热情几乎已经没有了，都是在应付我的提问。我自己也感觉这节课味同嚼蜡，无聊透顶。

我一边上课一边偷偷观察校长的表情。校长是一位对教学有深入理解、在区里挺有名气的一位女校长。只见她紧皱眉头，脸上没有一丝笑容。下课后，她毫不客气地对我的课进行了批评。我至今还记得她的那些话："教学就是要让学生在课堂上学到知识、学到学习方法、能力得到培养、情感得到熏陶，我们要看到的就是学生得到各方面提高的过程。在你的课堂上，学生还没学就什么都会了，还要你的课做什么？这说明你的课是一节无效的课。你要永远记住，学生是来向老师学知识的，他们不是你用来表演的道具，要真正让他们得到思维的训练，让每一个学生都得到不同程度的提高。"这节课让我刻骨铭心。

　　这样的预习虽说不是提前演练上课的过程，不是有意地弄虚作假，但其实质上也与演练相差无几，是一种过度准备。我之所以会这样做，就是因为没有摆脱掉落后的教育思想，总认为来听课的老师是来看老师一个人表演的，学生是配合老师的，没有把学生放在学习主体的地位。同时，这种过度的提前准备也会给学生留下极不好的印象，会渗透一种弄虚作假的思想，同时使学生的学习热情消失殆尽。

　　其实，在教书育人中，育人比教书更重要；在教授知识与培养学习兴趣中，培养学习兴趣比教授知识更重要。这就是我在教学工作中感到遗憾的一件事情。我会引以为戒，用此事时刻鞭策自己，也希望对大家起到抛砖引玉的作用。

家庭教育在育人中的关键作用

家庭教育，一个永恒的主题。除了学校教育、社会影响之外，家庭教育对一个人的影响最为关键。可以说，家庭教育不亚于学校教育的影响，甚至应该摆在学校教育的前面，是育人中的首要环节和最重要的环节。

每个人从出生开始到上幼儿园之前，都在家庭中接受着方方面面的启蒙教育，大到理想、目标、个性、品性等方面，小到为人处世的细节等，无一不对人起着重要的影响。教育无小事，事事皆教育；教育无局限，时时皆教育。教育绝不只是教会孩子书本上的知识，还包括对孩子的能力培养、性格塑造、品质完善和情商培养、逆商培养、创造力培养等方面。

同时，家庭教育也是影响人时间最为长久的一个方面。无论人的受教育阶段如何变化，但始终脱离不了家庭对自己的影响，受家庭的影响是持续的、长期的。所以，如果想改善孩子的各个方面，作为父母，首先应该从自己着手，改善自己的知识结构、认知结构、心理状态、情绪状态等。这样，孩子才会受到潜移默化的影响，才会改变。教育学家说："三流的父母做保姆，二流的父母做教练，一流的父母做榜样。"榜样的力量是无穷的，应该让孩子从父母那里汲取到榜样的力量，汲取到成长的力量。

我国古代的大教育家孔子说："其身正，不令而行；其身不正，虽令不从。"这就很好地解释了为什么在父母只爱打游戏、打麻将、不爱看书、不爱学习的家庭,孩子也不爱学习;反之亦然。最近几年,全国有些地方学区房盛行,房价居高不下。其实,最好的学区房就是自家的书房。如果家里的学习气氛浓厚,家长爱学习、带头学习的话,何愁孩子不爱上读书、不爱上学习呢?

下面我想围绕家训、家风、家规等几个方面,谈谈家庭教育对于每个人发展的重要影响。

家训是指家庭对子孙立身处世、持家治业的教诲。家训是家庭的重要组成部分,对个人的教养、原则都有着重要的约束作用。有的家训单独刊印,有的附于宗族的族谱后面。家训又叫家规、家约、家教,一般包括忠孝节义、礼义廉耻等内容,规定了一个家庭要遵守的行为规范,规范了后代子孙要遵守的准则等。著名的家训有《颜氏家训》《朱子家训》《曾国藩家训》《陆游家训》等。

家风又称门风,是指家庭或家族世代相传的风尚、生活作风,即一个家庭当中的风气。家风是给家中后人树立的价值准则,是一个家庭长期培育形成的一种文化和道德氛围,有一种强大的感染力量。良好的家风如勤奋俭朴、善良忠厚、待人有礼,可以说,家风是一个家庭的性格特征。

通俗地说,家训可以看作是教化家人的教科书,而家风则是经过长期教化后的结果。

古代名门望族之一的太原王氏由爵位而来,意指"帝王之裔"或"王家之后",追本溯源,都是黄帝后裔。太原王氏家族人才辈出,从魏晋到唐朝都非常显赫,成为太原当地的著名姓氏,历史上有"天下王氏皆出太原"的说法。

太原王氏家族非常重视家庭教育,他们家族的家训非常长,如"孝悌为先,忠信为本,惟耕惟读,恩泽子孙;不奢不侈,颗粒成廪,婚丧从俭,持家以勤;嫁女择媳,勿尚重聘,积德行善,不惟俗伦;自强自立,处事以忍,广结贤良,不谋非分"。

以上太原王氏的家训,给我们以很多的启迪。正因为太原王氏非常重视家庭教育，并且教育有方，所以太原王氏名人辈出，王翦、王安石、王阳明、王世贞以及清朝思想家王夫之、王念孙等人都是太原王氏的后裔，而唐代著名诗人王瀚、王昌龄、王之涣更是土生土长的太原人。

在中国近代，还出现了一个著名的家族——梁启超家族。梁启超先生是清朝光绪年间举人，中国近代思想家、政治家、教育家、史学家、文学家，戊戌变法领袖之一，中国近代维新派、新法家代表人物。梁启超的高祖、曾祖一直都以农耕为主，是中国乡村中最常见的普通农民，学识很普通。到了他祖父这一代，开始一边种地一边攻读诗书，考取了秀才，成为当地受人尊敬的乡绅。而梁启超，也在他祖父、父亲及母亲的悉心教导与呵护下，成为一代伟人，开创了辉煌的事业。

梁启超不但自己追求上进，也特别重视对子女的教育。梁启超制订出家训十则，分别是：莫问收获，但问耕耘；不要填鸭式的教育；与子女做朋友；做学问总要"猛火熬"和"慢火炖"交替循环；尽责尽力，就是第一等人物；通达、健强的人生观，是保持乐观的要诀，等等。

梁启超用家训十则来教育子女，取得了非常成功的效果。梁启超共有9个子女：长子梁思成，是近代中国最著名的建筑学家之一。梁思成一生创办了两个大学的建筑系，即东北大学建筑系和清华大学建筑系，是近代中国建筑教育的开拓者。长女梁思顺，诗词研究专家。次子梁思永，中国现代考古学家，中央研究院第一届院士。次女梁思庄，著名图书馆学家、中国图书馆学会副理事长，精通英、法、德、俄等多门语言。三女梁思懿，著名的社会活动家，是燕大学生领袖，为"燕京三杰"之一。小儿子梁思礼，火箭系统控制专家，中国导弹控制系统研制创始人之一，中国科学院院士。

纵观从古至今的名人家族我们可以看出，家庭教育对每个人的发展来说是多么重要，家训、家风对人的教育是潜移默化的。即使在我们之前，自己的家族并没有多么杰出，但是可以通过自己的努力学习，先从自己做起，让自己变得优秀，再重视家庭教育，制订家训，培养家风，让教育富有丰富的内涵和仪式感，让自己的子孙优秀起来，这些都是可以做到的。只要家长坚持学习，坚持学习科学的家庭教育理论知识，坚持学习丰富的各行各业知识，完善自己并重视家庭教育，那么我们的家庭教育就一定能够大放异彩，培养出杰出的人才，造福社会、造福人民！

教师的课堂评价语言之我见

口语表达是教师最重要、最基本的职业技能。教师的教育教学工作，无论是传授文化知识、培养能力技巧，还是启迪学生的心灵、陶冶学生的情操，都离不开口语。一名教师口头表达水平的高低，直接关系到教育教学工作的成败优劣，也会对学生素质的提高产生潜移默化的影响。在日常教学中，教师的口语用得最多的就是课堂评价语言。以前，我还没有认识到课堂评价语言的重要性，随意性很大。通过一段时间的学习，我有以下体会：

一、评价语言要准确得体

以前我总以为，评价学生时只要赞赏他，对他的意见给一个大致的对错辨别就可以了。因此，当学生回答问题时，我总是给以有些模糊的评价，如很好、不错等。经过学习及多听资深教师的课，我发现，教师的评价语言一定要准确到位，这是激励学生最好的方法。如在学生读课文时，我们不妨这样说："你读得很正确，若声音再响亮一些就更好了。""你读得真好听，老师要感谢你的爸爸妈妈给了你一副好嗓子，不过要是再加上表情就更加能传情达意了，不信你试一试！"这就要求教师的听辨能力特别强，能根据学生的回答及时反馈信息。

二、评价语言要生动丰富

例如刚读完课文，教师的评价语言应该是："你读得真不错！大家听了都在佩服你念得好！""老师都被你读得感动了。""到目前为止，你是读得最出色的一个！"等等。这样的语言，学生听后怎能不受鼓舞呢？一个个教学高潮正是如此形成的。

三、评价语言要机智巧妙

作为学生，他们在课堂上的回答不可能都完全正确。这时，作为教师绝不能以"错了，坐下""不对！谁再来"这样的语言来否定学生的回答，并期盼其他学生的正确回答。相反，应该运用自己巧妙的语言来纠正、鼓励学生的回答。例如当学生答错时，教师应说："说错是正常的，没关系，再说说看！"这样，学生的自信心和积极性就会很好地调动起来，学习的效果也会更好。

总之，教师一定要适当地运用课堂评价语言，以便更好地为自己的教育教学服务。

第一辑 教育教学感悟

课程改革如此美丽

——语文课程改革教学反思

　　记得以前学校通知我们交课程改革五年来的资料时，我从自己的U盘中一口气调出了不少。除了没有及时总结及保存的资料之外，我又对现有的资料进行了精心挑选，最终选出教学案例、教学设计、教育教学论文、说课稿、课件和教学反思等上交。在整理以上这些资料时，我有一种深切的感觉：课程改革对我的教育教学工作影响太大了！它是如此深刻地影响着我的生活，如此深刻地影响着我的学生！正是因为有了课程改革，我才能在教育教学工作方面更快地成长；正是因为有了课程改革，我的学生才能在整体素质方面更快地进步；也正因为有了课程改革，我个人的学习生活才变得如此丰富、精彩！

　　现在，看着教学五年来的反思要求，我不由感慨万千。我扪心自问：从教至今十几年以来，特别是课程改革五年以来，我学到了什么？又得到了什么？我的学生得到了什么？我认为，我既没有干出一番轰轰烈烈的大事业，也没有做出震惊世人的壮举，只是凭着自己对教育事业的一颗挚爱的心，在课程改革的洪流中，努力地追求自己的教育理想，从而得到了知识、得到了方法、得到了好的思维方式，从而也得到了切切实实的进步。我在得到一些课例奖、论文奖、辅导奖、尝到了学生进步时的喜悦的同时，也尝到了自己成长时的快乐，发现自己的人生过得十分有意义、有价值。我把自己在课程改革中一点小小的收获总结如下，请各位专家批评指正。

一、教育教学理念得到全面更新

我至今还清楚地记得，自己从教之初对教师工作的新奇和兴奋。虽然在新奇、兴奋的同时也富有责任心和爱心，也在刻苦地钻研教材和学生，可是因为没有新课程理念的指引，我当时的教育教学理念很落后。那时，我每天晚上的任务就是专心地背教学参考书上关于课文的解释，以便第二天能够原封不动地教给学生。有时怕忘记了教参上的内容，就把教参带到教室，读给学生听。学生拼命地记笔记，把诸如课文的中心思想、写作特点等一一记录下来，以便考试时能答得出来。当时虽然也重视教书的同时育人，但因为理念落后、教学方法陈旧，因此学生的学习兴趣不高，这也影响了育人目标的顺利实施。那时的上课比赛也是比谁在课堂上能把一篇课文的知识讲得全面、完整、环环相扣，比谁教给学生的知识多、对一堂课的时间把握准确，还比谁讲得精彩或表演得精彩，对学生学会知识的过程、方法以及学生自学能力、自学习惯的培养关注不多，要的只是学生记住知识，成为知识的接收器。

在课程改革之前，教师是课堂和学生的主宰，学生必须无条件地服从老师，不需要给学生太多表达自己学习意愿及学习方式的机会；学生只要记住老师传授的知识就行，不需要同学之间的合作、探究；学生学习的目的是应付考试，只要考试考得好，那么老师也是一名优秀教师；学生在课堂上应该配合老师，配合老师按时完成课堂教学任务；学生学习知识只能通过课堂而不可能通过生活来实现；重视学生书面的考试而忽视学生口头表达能力、交际能力、朗读能力等的提高。

新时代呼唤新的人才、新的教育。五年前，教育教学改革的大潮终于涌来了！在课改大潮面前，我没有固守老一套的教学模式和教育教学理念，而是积极参加课改，认真学习，力求用课改理念来武装自己，跟上时代的发展步伐。于是，我有了一次次的请教、听课，有了一个个学习教育教学理论知识的不眠之夜。付出终于有了回报。在学习中，我懂得了什么叫"以人为本，以学定教"，什么叫"课堂的预设与生成"；懂得了不但要重视学生学习的结果，更要关注学生学习的过程和方法；懂得了培养学生的交际能力、朗读能力、自学能力、自学习惯的重要性，同时重视培养学生的阅读习惯；还懂得了学生才是课堂教学的主体，教师应围绕着学生如何学好、学会做文章，做好对教学的主导作用；懂得了利用学生的现有生活经验，在学生原有的基础上教学；懂得了什么是"大语文观"。课程改革还告诉我，要热爱学生，充分相信学生，尊重学生就是热爱学生、热爱教育事业的具体体现。因此，我在工作中力求做到热爱每一个学生，尊重他们、信任他们，期待他们的成功。人们常说："教师是太阳底下最光辉的职业。"确实，教师面对的不是一批批产品，而是一个个活蹦乱跳、有血有肉的孩子。既然是孩子，就必然有他们的年龄特点，也必然会犯一些或大或小的错误。记得有一位教育家是这样说的："在你的冷眼里有瓦特，在你的蔑视里有爱迪生。"因此，我对学生做到摒弃成见，把眼光放长远，充满爱心地对待学生，真正塑造学生的灵魂。在工作中，我始终保持旺盛的工作热情，忠诚于党的教育事业，认真负责地对待每一个学生，耐心细致地做好他们的思想工作。我由师道尊严转变为理解学生、尊重学生，结果学生不但学习有了大的进步，而且也与我结下了深厚的感情。我想，这就是"皮格马利翁效应"吧，期待产生奇迹。

课程改革后，《小学语文教师》《小学语文教学》《语文教学通讯》等刊物也给了我很大的帮助。它们是我国教育教学的权威刊物，标志着教学改革的最新方向，有利于我们的专业化成长。同时，我还认真学习本学科的《课程标准》，并把它们熟记于心。我认为，只有这样才能对国家的新课改理念有一个较充分、全面的了解，才能对每个学年段的具体要求了如指掌，也才能高屋建瓴地进行教学。

课程改革的成效是显著的。慢慢地，凡是我教的学生都能在我的课堂上获得学习语文的兴趣、信心、方法、动力，还能得到勇于表现自我、百折不挠、勇于创新、团结合作、主动探究的教育。近两年来，不管我教哪一个班，也不管他们的语文基础有多差，我总能在教他们两个月之后看到他们在课堂上的精彩表现，同时也能培养起他们对课外阅读的浓厚兴趣。看着在我的语文课堂上学得认真、学得高兴的一张张笑脸，我才敢问心无愧地说："我的学生在我这里学到了很多，我没有亵渎'人民教师'这一光荣称号。"收获学生学习的春天是令人欣喜的，它体现了一名人民教师的人生价值。近年来，我所教的学生先后在各类语文综合素质大赛和作文比赛中获奖。如2003年9月，我所指导的9名四年级学生在全国创新作文竞赛中分获一、二等奖，我也因指导学生参赛成绩显著获"优秀指导教师"一等奖；2006年7月，我所指导的5名二年级学生在由中央教育科学研究所培训中心举办的全国首届中小学生综合素质竞赛活动中分获二、三等奖，我也被评为"优秀指导教师"；2007年7月，在宝安区举办的"关爱女孩，关注未来"征文比赛中，我所指导的1名四年级学生获区学生类征文三等奖，我本人的文章获区教师类征文二等奖。

二、充分利用、有效整合各方资源为教育教学服务

课程改革后，我注意在课堂教育教学中引进现代教育技术，以科学的时间和呈现方式为学生呈现一个五彩斑斓的世界。信息技术为我的课堂请来了小动物、小昆虫、植物、生字游戏等，也使我通过单纯讲述无法实现的教学效果得以达到，教学目标得以实现。学生在或精美或恢弘的画面中得到美的享受，得到知识的启迪。如在教学《放弃射门》时，我通过在课前播放世界足球锦标赛的音乐让学生感受到足球场上的激烈和精彩，从而使他们进一步体会到球星福勒放弃射门的可贵品质。又如在教学苏教版课文《天鹅的故事》时，我通过音乐及画面把学生带到天鹅破冰那一年的冬天，从而使学生更好地领悟到天鹅顽强不屈和与命运抗争的可贵精神，更好地实现了教育教学目标。

同时，我还通过把学生家长请入课堂，为学生上交通安全课、医疗自救课、植物培育课等，使学生的知识面得到拓展，很好地利用了各方资源。

三、师德修养得到进一步加强，思想素质得到进一步提高

由于我从小在军人家庭中长大，而且经过学校的多年教育，培养了诸如诚实、正直、善良等优良品质。但我的缺点也不少，如娇气、吃不得苦、勇气不够、恒心不足等。成为一名教师后，我深知肩上担负的责任是教书育人，不但要教给学生知识，更要教会学生做人。而在二者之间，教学生做人是更关键的。大教育家孔子告诉我们："其身正，不令则行；其身不正，虽令不从。"这就告诉我们教师工作的示范性特点。特别是课程改革的大潮涌来后，对教师的要求越来越高，需要教师用更好的教育教学方法面对日新月异的教育。在这种情况下，我针对自身的缺点，严格要求自己，经常阅读一些教育名家的书籍，如海伦·凯勒的老师莎莉文的教育手记、我国教育家霍懋征、斯霞、魏书生老师的教育著作、教育故事等。在学到他们高明的教育教学方法的同时，也从她们身上汲取到了人格的力量，进一步明确了教育的神圣责任，进一步增强了对学生的耐心和爱心，自身的师德修养得到了进一步加强，思想素质得到了进一步提高。同时，为了更好地适应课改的要求，我还不间断地学习《教育法》、《教师法》、《义务教育法》等，认真参加每一次政治学习，修正自己的缺点，现在已基本克服了上述缺点，教育人格趋于完善。我对待工作更加认真负责、勤勤恳恳了，事业心及责任感在不断增强。去年，我还在繁忙的工作之余写了入党申请书，期盼着早日成为一名光荣的共产党员。

四、适应课程改革洪流，全面提高自身综合素质

学，然后知不足。为了更好地适应课程改革的高要求，为了在给学生一杯水的同时自己有长流水，我不断学习教育教学理论，同时在教育教学实践中也发现，要想更好地提高教育教学质量，教师本身的综合素质是至关重要的。而综合素质的全面提高不是单方面的，要从方方面面努力。我自己主要从以下几方面来提高：

首先，我大量涉猎教育教学方面的书籍，包括理论知识及实践案例等，

以便全面提升理论水平，高屋建瓴地进行教学。来到深圳后，尊重学生、信任学生、教师与学生共同探究的教育观念给我以极大的震撼。我认识到，教师不再是知识的垄断者，而是学生学习的引导者和合作者。正如新课标指出的，学生才是学习的主人。在教育强市的大环境中，我积极转变观念，通过向周围的专家和同事请教、听课等方式，不断学习新理论。同时，我自费订阅了大量教学书籍，如《小学语文教师》《语文教学通讯》等，还参加了各种培训班的学习，如新概念英语、信息技术、心理学学习等，力求做到"给学生一杯水的同时教师有长流水"。

其次，理论与实践相结合。在工作中，我严格要求自己，力求把每一节课都作为磨砺自己的战场，认真备课，精心设计，力求让学生视上课为一种享受。我重视学生学习兴趣的培养，根据学生学习的实际情况辅以各种有效措施，使他们爱学、乐学。我重视学生语文基础的培养，认为不管课程改革如何如火如荼，语文基础是不可丢的。语文应走在语文的路上，不应让"乱花"迷了自己的"眼"，应让语文姓"语"名"文"。"书是人类精神的家园，"因此，不管是低年段还是高年段，我都高度重视学生阅读兴趣的培养，教育学生把课内、课外知识有机融合起来，收到良好效果。教学是一门艺术，因此我平时除了积极参加学校组织的每周一次的集体备课及每学期必听的研究课观摩学习外，还经常废寝忘食地研究教学方法和艺术。2003年，我的《太阳》一课的教案获得中国教育学会小学语文教学研究会征文二等奖；2008年，课例《全神贯注》在首届全国课题实验学校中小学教师优质课评选中获语文类一等奖。总之，我充分尊重学生、相信学生，关注不同层次学生的需要，不断更新教学方法，取得了良好的效果。

再次，做好经验的总结和提升工作。在繁忙的工作中，我坚持见缝插针地写好教学后记、论文和案例。2003年9月，我的论文《为创造性而教》获得全国创新教育论文一等奖；2004年6月，我的论文《孔子教育思想对当代教育的指导意义》和《由冯艾支教得到的启示》分别获得现代教育理论与实践论坛论文评比大奖赛一等奖和三等奖；2007年4月，我的论文《浅谈如何提高学生的朗读水平》在全国首届新主体教育现场教学观摩研讨活动的论文评审中获得三等奖。经验的总结和提升更好地促进了我的教育教学工作，使我的教学再上新台阶。

最后，养成了大量阅读的好习惯。课程改革后的几年中，为了更好地开展教育教学，提高论文及案例的写作水平，我逐渐养成了大量阅读的好习惯。现在我已经把阅读当成一种乐事，一天不看书就不舒服。除了教育教学刊物、教育教学论著等专业书外，《读者》《意林》《论语》《听南怀瑾大师讲经》《世界上最好的一百个旅游城市》等也逐渐成为我的案头书。因为我知道，一个教师要想成为学生阅读的"领头羊"，就必须首先是一个热爱阅读的人。教师广泛阅读才能经常在课堂中给学生新鲜的知识营养，学生也才能成为一个精神营养良好的人。平时我经常对学生和家长说："课外阅读的好处很多，一能开阔视野，二能增长知识，三能增强语感，四能养成终身学习的好习惯。"其实这对教师也同样适用。我认为，一个人要想不断进步，就一定是一个热爱阅读的人，是一个随时随地都可以从书本中汲取养分的人，也是一个自觉进行终身学习的人。爱阅读的学生有发展的潜力，教师也是如此。我认为不管是否教语文，爱阅读都很重要。记得许多教学名家在被别人问到备某节成功的课用了多长时间时，名家们都会异口同声地回答："我在用我的一生备这节课，而直接备这节课只用了十几分钟。"可见平时的知识储备对我们教师来说是何等重要。

而学习这一切都需要时间，时间从哪里来？如果我们能多挤出一些看电视的时间、玩电脑的时间、逛街的时间、闲聊的时间，我想时间是有的。世上无难事，只怕有心人。

说起教学亮点，我认为自己的课比较朴素、实在，有自己的个性。我一般不会照搬别人的课，因为每个人都有适合自己的教学方法和方式。但别人课中的优点我会吸收，并在自己的课中尝试运用，使它转化为自己的东西。

我还存在一些困惑，即现在的语文课学生喜欢上了，但每次的作业仍会让他们有些厌烦，因为大多是抄生字词，但是生字词不抄又记不住，基础无法巩固，因此很矛盾。如何把激发学生的兴趣与巩固基础有机结合起来，是目前我需要解决的问题。我认为拓展学生的课外阅读是解决上面这个问题的好方法之一，值得大力提倡。

"路漫漫其修远兮，吾将上下而求索！"未来的路还很长，有待学习的知识将越来越多。我将在课程改革的大背景下，在教育这一自己钟爱的事业中吸取教训，进一步发扬优点和长处，不断求索，与学生一起成长，为了学生，也为了自己的成长而努力奋斗！

培养学生语文学习的良好习惯

  著名语言学家吕叔湘先生说过，语文教学的任务就是培养学生良好的学习习惯。《语文课程标准》也强调，语文教学要"培植热爱祖国语言文字的情感，养成语文学习的自信心和良好的习惯，掌握最基本的语文学习方法"。因此在语文教学过程中，要着力激发学生学习语文的兴趣，培养学生正确的学习态度和良好的学习习惯。那么，要在小学高年级阶段让学生养成哪些良好的语文学习习惯呢？我认为至少应该包括以下几个方面：

一、倾听、交流的习惯

  倾听是一种艺术，必须从低年级就开始培养。有的学生听老师讲课心不在焉，听课之后不知所言，这都是不好的习惯。我们无论在课堂中还是在与学生的交谈中，都要有意识地训练学生的听力，使他们会听，培养他们静静听讲的习惯。学生要想参与课堂讨论或交流，更需要他们静心听取别人的发言，才可能达到充分理解，进而综合思维，流畅地表达自己的意见，最终达到互动协作。往往成绩好的学生这方面做得较好，所以他们的学习成绩逐步提高，表达能力也越来越好。反之，则到高年级后各方面的学习成绩就会越差，特别是影响到思维、口头表达能力和写作能力的发展。

二、质疑问难的习惯

古人云："学贵有疑，小疑则小进，大疑则大进。"说的就是质疑问难的重要性。平时我在教学中，经常指导学生抓住课题或课文中的重点词语来提问。如在讲《宽容》一课时，学生提出：课文写谁宽容谁？"我"为什么事情宽容年轻的护士？"我"是怎样宽容年轻的护士的？让学生养成质疑的习惯，而且每堂课都留有一定的余地，让学生质疑。长此以往，学生的质疑能力就会大大提高，学习的质量也会上升。提高学生分析问题和解决问题的能力，从而培养学生学习语文的兴趣。

三、勤于朗读、背诵的习惯

朗读、背诵是我国传统的语文学习的重要方法，是积累语言、培养语感的重要途径，有助于发展学生的记忆力，规范学生的口头语言，提高学生的表达能力。让学生从小背诵有价值的经典，使学生常常耳濡目染于圣贤的智慧思想之中，可以起到潜移默化的作用。我从四年级接班开始，每周让学生背一首古诗和佳句篇段，而且让他们每天睡觉之前再背一背、读一读。日积月累，脑子里的片段越来越多，还怕写不好作文吗？

四、读书看书和不动笔墨不读书的习惯

在信息化时代，阅读是人们搜集、处理信息最重要的方式之一，会不会阅读将决定一个人向社会获取智慧的能力。要学好语文，仅读几册教材是远远不够的。因此，要增加学生的知识，提高学生的语文素养，必须重视课外阅读，必须大量地阅读课外书籍，从书中获取丰富的精神养料。我平时向学生推荐一些适合他们阅读的书刊，如中外名著、《上下五千年》、《资治通鉴》、名人故事等，养成广泛的阅读兴趣，做好摘录，并且读后还让他们写心得，与大家一起分享。每周还让他们把值得回味的事记录下来，真正做到"我手写我心"。

五、广泛收集、处理信息的习惯

培养学生搜集和处理信息的能力，利用报刊、杂志、电视、广播、网络等途径搜集信息，同时让学生把收集到的资料、信息进行整理交流，为学生终身学习做好充分的准备。这些习惯的养成不是一朝一夕的，需要持之以恒，不但学生需要有这样的能力，教师更要做好。只要教师放松，学生就会放弃，所以，教师要不折不扣去执行。

其实，良好的学习习惯还有很多，我只是抛砖引玉，希望大家一起交流，一起关心学生的学习习惯的培养，为他们的终身发展服务。有人说："儿童的心田是块神奇的土地，你播种了一种思想，便会有行为的收获；播种了行为，便会有习惯的收获；播种了习惯，便会有品德的收获；播种了品德，便会有命运的收获。"也有人说："行为养成习惯，习惯造就性格，性格决定命运。"可见，良好习惯的养成对人生非常重要。我们相信，养成良好的语文学习习惯，肯定会让学生在语文学习方面受益匪浅，甚至会影响学生的一生。

浅谈如何提高学生的朗读水平

"书读百遍，其义自见。"要学好语文，提高学生的朗读水平尤其重要。因为朗读水平反映的不止是一个人的读书读得正不正确、流不流利，更重要的是反映出读书人对文章的理解是否深刻，其语文综合能力如何。因此，语文教学要尤为重视学生朗读能力的指导。

一、教师的示范作用

我们都知道，榜样的力量是无穷的。特别是对于学生来说，教师更是他们刻意模仿的对象。如果教师平时坚持讲普通话，字正腔圆，做好表率，并在平时注意使自己的朗读富有感情，注意对学生的朗读指导，就一定会对学生产生好的影响，从而使学生的朗读水平稳步提高。

二、激发学生的朗读兴趣

《语文课程标准》指出，应充分发挥师生双方在教学中的主动性和创造性。学生是语文学习的主人，语文教学应激发学生的学习兴趣，朗读教学也一样。"知之者不如好之者，好之者不如乐之者。"兴趣是最好的老师，是推动整个课堂进程的兴奋剂。如果学生对所读的内容感兴趣，那就等于朗读指导成功了一半。下面以人教版第九册课文《蟋蟀的住宅》为例，谈谈好的开头对激发学生朗读兴趣的重要性。

上课伊始，我笑容满面地走进教室，亲切地对学生说："同学们，现在是第四节课了，你们可能也累了，老师想请你们欣赏一下音乐，现在请闭上眼睛。"随着我的点击，事先准备好的班得瑞之《寂静山林》轻轻地飘荡在教室里，像潺潺细流，流进我们每个人的心田，沁人心脾。这是多么美妙的声音！这是一首描绘森林中美好景象的乐曲，这音乐让人感觉自己仿佛来到了一片清晨的大森林中，森林中是多么的静谧，有新鲜的空气，有明媚的阳光照射着翠绿的树叶，有小鸟的清脆的叫声，有昆虫的啾啾叫声，有小溪的潺潺流水声，还有……音乐结束了，当学生睁开眼睛时，我分明感觉到他们也看到了那一派迷人的景象。我满怀深情地说道："现在谁来告诉大家，你看到了什么？"顿时小手如林，他们争先恐后地描绘了那一幅迷人的图画，想象力惊人。我又说："现在让我们一起到森林中寻找一下蟋蟀的洞穴吧，看看它是怎么样的，在《蟋蟀的住宅》这篇课文中就能找到。"同学们快速地翻书，兴致盎然地读起书来。这是我上得比较成功的一节课，应归功于用音乐创设情境带给学生的读书兴趣。

三、帮助学生加深对课文的理解

学生仅有朗读兴趣是不够的，我们还要通过启发，引导学生理解课文内容，理解课文中的一些重点词、句，有了对课文的感悟、理解，他们才能读出感情。下面以课文《坐井观天》为例，谈谈我对这一点的理解。当学生读了两遍课文后，仍然停留在仅仅读得正确的阶段上，在朗读感情上没有起色。我对学生说："现在老师也想读一读课文，你们要注意老师读时的语气，等一会儿说说老师为什么这么读。"范读后，有学生说："因为青蛙看到小鸟很好奇，不知道小鸟从哪儿来，所以老师读出了疑问的语气。"还有的说："因为青蛙不相信小鸟，所以'朋友，别说大话了'这一句要读重一点。"我又引导学生体会青蛙和小鸟的笑有什么含义，学生最后理解了青蛙的笑是因为不相信小鸟，认为小鸟在说大话，而小鸟的笑是因为青蛙的目光短浅还不相信他，是有点无奈的笑。理解了这些后，学生的朗读更有感情了。我们还可以通过朗读比赛或观看视频、动画、图片等进行朗读欣赏，通过介绍作者及写作背景等文学常识，加深学生对课文的理解，提高朗读水平。

四、朗读指导应详略得当

在朗读指导中，我们还要注意不要眉毛胡子一把抓，要区分重点，对一些重点词句进行指导。我在上第四册课文《三个儿子》时就有过一次失败的经历。那是一节研讨课。在课堂上，经过指导，学生读得声情并茂，让人身临其境。例如在指导"一桶水可重啦！水直晃荡，三个妈妈走走停停，胳膊都痛了，腰也酸了"时，学生一开始没有读出这桶水的重，也没有读出三个妈妈的劳累，语气比较平淡。于是我说："这桶水好像还不够重，好像还不足以把三个妈妈累成那样吧？"听了我的话，学生领悟了，再读时也更有感情了。又如在指导朗读"一个孩子翻着跟头，像车轮在转，真好看！三个妈妈被他迷住了"时，学生一开始也读得感情不够。我说："'像车轮在转'是什么意思？谁见过车轮转？"一石激起千层浪，学生七嘴八舌，纷纷描述车轮转的情景，也进一步领会了第一个儿子翻跟头的精彩，朗读也有了很大的进步……一节课就这样在我的朗读指导中过去了，虽然学生读得越来越有感情，也领悟了这个故事蕴涵的意思，但到这节课结束时，我没有完成预定的教学任务：学生没有分角色读，没有表演读，也没来得及拓展，这是什么原因呢？

经过课后反思，我发现因为我的朗读指导过多，在朗读指导时平均分配了力量，什么都想指导，导致朗读指导没有重点，出现了课堂时间的流失、课堂容量偏小、课堂效率偏低的状况。我意识到，朗读指导应注重朗读方法的指导，注重引导，而不应在具体的每一处都指导，这会导致课堂效率的降低。因此，我将引以为戒，加强理论学习及课堂教学历练，进一步提高自己的朗读指导水平，这样才能让学生一课一得、多课多得，语文能力得到切实的培养和提高。

第一辑 教育教学感悟

五、教会学生朗读方法

学生还必须掌握一定的方法，才能实现朗读能力的迁移，才能在任意拿到一篇课文时都读出感情。以下是一些方法：

1. 想象法

想象法就是在朗读时，把自己当成课文中的角色，设身处地地揣摩角色的心理活动，读出其说话的语气，读出作者想表达的思想感情。这一条看起来容易，但在辅导没有朗读基础的学生时要花许多工夫，最重要的是激发他们的想象力。可通过闭眼倾听范读、边做动作边读等方法培养学生朗读时的想象力。

2. 创设情境法

前文所述的《蟋蟀的住宅》的导入就是创设情境法。

3. 循序渐进法

在学生还达不到把课文读正确时，我们不要贪多求快，要求他们读得有感情，这样学生很难做到。总是达不到老师要求时，学生容易失去朗读的自信心，从而选择放弃。这时，教师要有耐心，允许他们把字音读准后再追求有感情的目标。例如我目前所教的这个班，朗读能力较差，在全班只能找出一两名学生能在教新课文时较流利地朗读。针对这种情况，我首先给他们足够的时间读书，让他们读通顺。在朗读指导时，采用老师读一句、学生读一句的方法或老师整篇范读的方法，力求让他们读出感情。

4. 帮助学生定好朗读基调法

我们知道，不同类型的文章，反映的思想感情不同，其朗读基调也是不同的。因此在指导学生朗读时，要帮助他们把握文章的基调，这样做有助于学生朗读能力的可持续提高。

亲其师而信其道

——谈谈课改后的新型的师生关系

"亲其师而信其道"的意思是说：和自己的老师感情亲近了，也就愿意相信、听取老师传授的道理了。这句话说的是良好的师生关系对教育教学工作的重要性。其实每位教师都希望与自己的教育对象——学生建立良好的关系，但能否做到又因人而异。能否建立良好的师生关系涉及到的原因非常广泛，大到教育理念、教育思想，小到教师本人的性格、人格魅力、待人处事方法等。下面我谈谈自己对"亲其师而信其道"这句话的认识。

还记得大学刚毕业，我到一所中学实习，担任初一（1）班的见习语文老师兼见习班主任。由于刚刚毕业，我对教师工作充满了新奇、期待，同时也满怀紧张、腼腆。与其说我像老师，不如说我更像一位大姐姐。我充分地尊重学生、信任学生，不但和他们一起学习，而且帮助他们解决生活中的一些困难。学生也经常到我的宿舍和我谈生活、谈学习，我和他们成了好朋友，连教了他们半年多的几位教师都羡慕我们的师生关系如此亲密。尽管我的教学经验缺乏，教学水平不高，但学生很愿意听我的话，愿意学我教的语文，因此一个月过后，学生的考试成绩居然还很不错。最值得一提的是，当我结束一个月的实

第一辑 教育教学感悟

习期、离开学校时，有好多学生哭了，我也哭了，还给他们留下了通讯地址。回到大学后，由于学业繁重，要准备毕业考试和毕业论文，因此无暇给他们写信，但他们的信却如雪片般飞来，于是我给全班同学写了一封回信，鼓励他们好好学习。后来听说我的那封回信被他们贴在教室的墙壁上，以便人人都能看到，我倍感温暖。这正应了那句话："我只给了你一缕阳光，你却给了我整个春天。"这是美好的师生之情给我留下的一份宝贵的精神财富，让我一辈子回味。

当然，教师在几十年的教育教学生涯中，要保持同一种激情、得到学生的喜欢是比较难做到的。每当这时，我总是找一些教育专家的书籍来看，从其中汲取力量。如斯霞老师、霍懋征老师、魏书生老师、窦桂梅老师的著作以及海伦·凯勒的老师莎莉文的教育手记等都会使我的心灵一次次受到洗礼，从而使自己能再度满怀激情地面对学生。前一段时间重读了苏联著名教育家苏霍姆林斯基的《给教师的一百条建议》后，我的心灵又一次被震撼了。他说："要在很长的时期内用心灵来认识你的学生的心思集中在什么上了，他想些什么、高兴什么和担忧什么，这是我们教育事业中的一种最细腻的东西。""学生需要自由活动时间，就像健康需要空气一样。""没有什么比意识到无前途、自己啥也不行更使儿童受到压抑的了。""决不要急忙打不及格的分数。要记住，成绩带来的愉快是一股强大的情感力量。"

因此我认为，要当好教师，首先要知识丰富，其次要做一个受学生欢迎的人，以达到让学生"亲其师而信其道"的目的。怎么知道自己的可爱处呢？去问问学生，他们欣喜的表情还有欣赏的眼神都会告诉你，你很可爱。

但是，教师不能因为想让学生喜欢自己而失去引领者的地位。我认为，教师的知识、理解能力、人生阅历等比学生丰富、深刻多了，应该能成为学生的引路人，带领着学生在知识的海洋里遨游。

总之，教师处理好和学生的关系应主要通过自己丰富的知识、高超的教学技术和尊重学生、理解学生的言行举止来吸引学生，而不是放松对学生的正确教育和严格要求。请一定记得：亲其师而信其道。

我眼中的阅读

阅读是一个老话题了，但它的魅力历久弥新，因此我想与大家一起探讨一下阅读，并谈谈我眼中的阅读。

一、阅读的意义

有人说："一个人的精神发育史实质上就是一个人的阅读史。一个民族的精神境界，在很大程度上取决于全民族的阅读水平。"的确，对于个人来说，读书经历决定其思想境界和人生发展的道路。纵观古今中外，在各行各业中但凡有成就的人，无一不是喜爱阅读、坚持阅读的人。即使一个人在校学习的时间很短，学历很低，但只要他（她）是一个热爱阅读的人，总有一天他（她）会成功。因为读书可以陶冶性情，拓宽知识面，增强人精神的长度和宽度。在生活中，我们有太多不知道的东西需要从书本中吸收，书本可以带着我们游历祖国的大好河山和世界各地的美景。"站在巨人的肩膀上"在某种意义上也是指多读书，因为多读书可以与古今中外的伟大思想家、文学家、历史学家等交谈，从而学到他们的思想方法和智慧，从而为自己的成长奠定基础。

同时，我也不断从书上看到一些故事，一次次证明着阅读是影响一个人成长的重要方面。例如《年薪170万元：好女孩是教出来的》一文中，一个叫

第一辑 教育教学感悟

郝洁宇的女孩，无论是在国内还是国外，无论是在中学、大学还是工作后，都从不起眼到出类拔萃。中学时，她就获得全美工程师奖，后被麻省理工学院录取。毕业后不到两年，她就成为香港金融界的新星，年薪达到170万元人民币。她的成长有什么奥秘，家庭教育有什么特点呢？她爸爸说："培养孩子的读书习惯，是教育孩子最重要的任务。一个有读书习惯的孩子，没有学不好功课的。许多孩子考试成绩不理想，不是因为不会做题，而是因为阅读能力差而没有审题能力。"

十多年前，我在深圳南山书城发现了吉姆·崔利斯编著的《朗读手册——大声为孩子读书吧》一书，该书为美国教育类院校指定教材，在美国畅销百万册。《朗读手册》告诉我们：阅读在学生的语文学习之外，例如情感的发育、学习能力的培养、知识背景的拓宽、文化的自觉认同等方面发挥着重要的作用。无独有偶，苏联著名教育家赞科夫也在他的论著中告诉我们：转化后进生的主要途径不是做题、补课，而是阅读。因为阅读是教育的核心，每一科的知识都是通过阅读来学习的。我们必须先会读文字叙述的数学题，才能了解题意；如果我们不会读社会学科或自然学科的课文，就无法回答每个章节后面的问题；复杂的计算机手册对操作非常重要，但我们必须先读懂其内容。在现实中我们也会发现，他的这一研究成果是很有道理的。学习较落后的学生大多不爱看课外书，而爱看课外书的学生学习一定不落后，而且有很多优秀的。犹太民族从婴儿起就教育他们的后代："书是甜的，如果只能从火灾等现场抢救一样东西出来，那一定是书！"因此犹太民族特别珍惜书、爱看书，在国际上也特别具有竞争力，在世界的许多高科技领域都有他们的身影。还有一份关于学生心理健康的调查报告可以说明这个问题。这份调查报告通过具体的调查数据证明：有效的阅读指导可以维护中小学生的心理健康。也就是说，阅读对于中小学生的心理健康具有多样功能，既能治疗又能预防，既能治标又能治本，有利于广大中小学生的健康成长。最为重要的是，学生在阅读图书的过程中接受正确的理论、观点和高尚的道德修养，如细雨润物一般，在愉悦的、不知不觉的状态下获得。正如有的专家所说，由于书籍作者的观点是鲜明的、立场是

"中立"的、用心是善意的，教育不带强制性和明确的目的性，因而易于被读者真诚接受，从而使尽可能多的中小学生在求学期间克服心理障碍，健康成长。

英国著名哲学家和科学家培根有一段名言："读史使人明智，读诗使人灵秀，数学使人周密，物理使人深刻，伦理学使人庄重，逻辑与修辞使人善辩，凡有所学，皆成性格。"说明读书对人的性格塑造具有非常重要的作用。我国汉代文学家刘向认为："书犹药也，善读之可以医愚。"其实，除了"成性格"和"医愚"外，读书还能使人心情宁静，忘却一切烦恼，而心情宁静对于人的身体来说就是最好的调养。

二、阅读的分类和选择

人的阅读基本上分为两种，一种是实用性阅读，也叫功利性阅读；另一种是纯粹的兴趣性阅读。实用性阅读是指为了把考试考好或短时间内学到某种技术技能而不得不看书的阅读。作为学生，读自己的课本也属于实用性阅读。读诗、小说、散文、名人传记等纯粹为了自己兴趣的阅读属于非功利性阅读，也叫兴趣性阅读。兴趣性阅读的境界更高，但实用性阅读也有很多好处，绝不能一概而论。而且实用性阅读和兴趣性阅读很多时候会有交叉，它们很多时候还会相互转换。

那是不是凡是读书都是好事呢？不是。我们读书时还要学会选择，选择一些高质量的书来阅读才能达到好的效果。我认为教师一定要多读教育教学类书籍，如教育教学理论、教育家传记、教育家故事等，用先进的教育思想武装自己的头脑，这样才能使我们的教育与时俱进。我们还应该读一些能提高自身素质的书，如名家写的名著、散文、小说、传记等，使自己的底蕴更为深厚，上起课来更有底气。

总结一下我自己现在所看的书，主要有这么几类：①教育教学类书籍，如苏联教育丛书《解读素质教育》《小学语文教学论》等；②家庭教育类书籍，如知心姐姐卢勤的《把孩子培养成财富》《好父母好孩子》、孙云晓的

《怎样做好父母》、郑渊洁的《教子秘诀》等；③休闲类书籍、杂志，如《读者》《毛泽东传》《苏东坡传》《钱学森传》等传记；④健康保健类书籍；⑤国内外名著，如《傲慢与偏见》《呼啸山庄》《平凡的世界》《红楼梦》等。

三、阅读给我带来的益处

童年生活给我留下深刻印象的不仅是经常和小伙伴们去玩耍，更有两种优秀的儿童刊物《儿童文学》和《少年文艺》。每次刊物送来的时候，都是我最快乐的时候。每当这时，我都会翻箱倒柜地去找些好吃的，然后边吃边看，那是一种至高享受！那些日子至今令人回味无穷，那时看的许多故事也至今记忆犹新，例如《柿饼大王》《咕咚》等。以至于后来学了中文专业，从事语文教学工作，我觉得都要归功于从小的兴趣性阅读。但一直以来，总让我感到遗憾的就是自己在记忆的黄金时期涉猎的书籍较少，更没有读过什么世界名著、国学经典，一直到大学时才补上了这一课，导致自己底蕴不够深厚、视野不够开阔。可见，阅读对一个孩子的影响是多么巨大。因此，我现在也特别重视学生阅读习惯的培养。

比起刚入行时，我现在的教育教学水平有了一些提高，除了得益于听课学习和具体实践外，还要得益于阅读。阅读可以启发思维，提高效率，使人静下心来思考。阅读会使人学会巧干而不是蛮干，会使人上课更有底气。记得一位教育家说过："我们不要做身体不懒的盲动教师，而要做脑子不懒的聪明教师。"这话给我留下了深刻的印象。而要做脑子不懒的聪明教师，就要学会从书本中汲取他人的智慧，这样才会站在巨人的肩膀上更进一步。

四、阅读习惯的养成

如果一个人很久没有阅读了，那么刚开始阅读时是比较难静下心来的。阅读习惯需要慢慢地养成，开始时最需要毅力，但只要坚持下来，就会慢慢养成习惯。在前几年，我强迫自己利用假期读了不少教育教学方面的理论书籍，刚开始觉得很枯燥，但慢慢读进去了就觉得挺有意思的，而且当时学到的很多理论都没有白费，在后来的工作中都派上了用场。现在我再读教育类的书就是一种乐趣了，因此我觉得读书是先苦后甜。

在深圳这座快节奏的城市里，大家的工作与生活都很忙，要找出阅读的时间确实很难，但说没有时间阅读的人应该是还没有培养起阅读的兴趣。因为一个人如果做自己喜欢的事，就一定会抽得出时间，甚至利用一些零碎的时间，如中午和晚上睡觉前的时间、吹干头发的时间等。我每天固定的阅读时间就是睡觉前吹干头发的时间，边吹边看。但我知道，像我这样阅读是远远不够的。因为一位教育家说过，现在不是学与不学的区别，而是学得快与学得慢的区别。

直到现在，我仍然经常会想起一位特级教师。她大我10岁，几年前我经常向她请教一些上课的问题，她很热心地教我，我们关系挺好。有一次在聊天时，我问她："你五一假期去哪儿玩了？"她说："我哪都没去，在家看书了。五一前我去学校图书室借了一摞《小学语文教学》，每天看到半夜一点多，光摘抄就抄了两本，五一后就把书还了。"听到这里我明白了，天才出自勤奋，特级教师也出自勤奋！

五、培养学生阅读

培养学生的阅读不但对学习语文有利，而且对其他各科的学习以及学生优良品质的形成也很有帮助。

每次家长会，我都会花不少时间、举不少事例来宣传课外阅读的好处，并推荐一些适合孩子阅读的书目。每次与家长交流时，我都会劝说家长："在孩子完成了作业并复习好的情况下应允许他们看一些有益的课外书，我们不能急功近利，只盯着分数，应该把眼光放长远一些。无心插柳柳成荫。你关注孩子的全面素质，可能孩子的成绩也就跟着好了。"

平时，我经常强调课外阅读，用种种方法使学生体会到课外阅读的趣味性和重要性。比如平时考试时，有学生会问我："老师，这些知识我们书上没学过，为什么也考了？"这时我就告诉他们："我们不但要从课本中学知识，也要从生活中学知识，哪一科都是如此。书上没学到而考试又考了，正是检查你们平时的课外阅读是否丰富。现在有很多考试题目都是书上没有的，比如阅读理解题，选的文章都是你们没见过的，就是考察你们平时读的书多不多，是不是用心去思考。"有空时，我会带学生去阅览室看书，每个学期去十余次，而他们也从原来的只有几个人特别爱看课外书到现在的几乎每个人都爱看书。每次看着同学们安安静静地阅读课外书的情景，我都觉得是一种莫大的享受。对于自己的孩子，我也总跟他强调课外阅读的重要性，并且每天晚上睡觉前给他讲两三个故事。

我认识一位英语老师，我认为她是我所见过的一流教师中的一员，对待工作是巧干而不是蛮干。她对学生非常温柔，十分讲究方式方法。对待调皮学生，她耐心讲道理，还偶尔把他们带回家去住，她的教育真正做到了像细雨一样润物细无声。最重要的是，她虽然不是语文老师，却经常在早读或品德课时抽出时间给学生读故事，学生们非常喜欢，因此这个班的学生对课外阅读兴趣特别大，语文也学得特别好。当时我就是和她搭班的语文老师，我知道学生学得好有她很大的功劳。我也明白，这个班的学生之所以在思想上比较深刻丰富，在情绪上比较平和，她功不可没。根据我两年来的观察，这个班的学生心理都很阳光，富有同情心，集体主义精神特别强，善于与人合作，与老师关系融洽。从这个事例中我们可以看出，阅读教育的功能是多方面的，我们一定要重视起来！到了我们的学生都酷爱课外阅读时，我们的校园就会变成一个书香校园，而这些取决于我们每一位教师的共同努力！

衣带渐宽终不悔

——"我与远程培训"学习心得

时间过得真快。转眼间，一个月的远程培训就要结束了。翻看着前面每个模块的讨论和作业要求，以前讨论的热烈和学习的乐趣仿佛历历在目，忽然觉得有一种离愁别绪涌上心头。别了，那些艰苦学习的日子；别了，四期2班的远程培训……

这次培训让我学到了很多，包括教育教学理论知识、电脑技术的操作、同行们的理论观点等。虽然每个环节都有很多收获，但我最喜欢讨论环节，有点像QQ聊天，但含金量比QQ聊天高。每次新的模块一出来，我总是兴冲冲地打开讨论环节，看看是什么话题，然后看看有谁已经发了帖子、说了些什么，感觉很有趣。

我感觉收获最大的是第三、四、六模块的讨论环节。第三、六模块中用于引起大家讨论的课《"豪华课"与"经济课"》《一节优质课的教学活动设计》给我留下了深刻的印象。还有第四模块的推荐网站，琳琅满目，使人受益匪浅。

只要有时间，我会翻看所有老师、学员的帖子，再对其中一些自己感兴趣的内容进行回复。就算时间再紧，我也至少会回复本组的几个帖子。一是学习，二是鼓励。我认为，来自同学的鼓励很重要，鼓励可以使大家克服困难学下去。我对大家的帖子都有一些印象，相对来说，对本组的帖子印象最深。

我认为这次网络学习的质量为良，主要是有的方面可以再改进一下，如①学生被分成了几个小组，但每人只能在自己的小组内发表讨论，不能在全班范围内进行讨论，限制了我们的讨论范围；②培训太严肃，只有学习讨论区，没有情感交流区，难免枯燥乏味；③讨论中难免有网上复制的嫌疑，影响了培训的实际效果，建议多出一些更灵活的题目来提高大家的书面表达能力及理论水平等；④学习时间过紧。

总的说来，整个培训过程还是很辛苦的，我觉得自己能跟上整个教学步骤的原因：一是一种责任感和上进心，觉得别人能做到的我也能做到，而且争取做得更好。每次的讨论我都写自己的想法，绝不去复制粘贴网上的内容，为的是真正提高水平、锻炼能力。二是多亏了同事的帮助。有两次作业对电脑技术的要求较高，我都是在同事的帮助下完成的，要感谢他们。

如果让我担任网络教师，我会做到以下几点：①在班级讨论区积极发言，引起大家的讨论，并且经常回学生的帖子，即把教师也当成学生的一分子，但又是学生中的首席，起指导作用，就像我们对待学生一样。②使同学可以跨组交流讨论。③把学习时间延长为一星期一个模块。④对学生的作业、讨论等尽量快点评价，先写的先评，同时给以较具体的指导。我觉得这样可以进一步激发学生学习的热情，使学生更积极地参与各项网络教学活动。

热切盼望以后多举办此类远程培训活动。

在小学一年级新生首次
家长会上的讲话

亲爱的各位家长：

你们好！对于你们的到来，我们表示热烈的欢迎！

你们的孩子，将于今年9月份入读我校，并在我们学校度过宝贵而又难忘的小学六年时光。这六年，对每个孩子来说都是特别重要和宝贵的，是打基础的阶段。我们应该怎么做，才能给孩子更好的支持呢？下面我想分几个方面来谈谈。

一、小学阶段的重要意义

每个孩子从出生开始（其实最早还可以追溯到胎教阶段，我们就不说了）就在接受着教育，包括家庭教育、社会教育，还有幼儿园教育，直至现在开始的小学教育。

小学教育与幼儿园教育的主要区别是：幼儿园是非义务教育，而小学阶段是义务教育。义务教育是受义务教育法保护的。从法律上来说，孩子准时上学、放学是一种责任和义务。幼儿园主要重视的是孩子的身体健康、良好生

第一辑 教育教学感悟

活习惯的培养，而小学教育则开始要求孩子的学习，开始培养孩子良好的学习习惯、阅读习惯、独立思考能力等。

小学阶段主要是培养各种良好的习惯。因为习惯的力量是巨大的，良好的习惯一经养成，将终生受益。人形成习惯的生理基础是动力定型，动力定型是一连串的刺激与反应形成的固定组合。例如有人习惯晚睡，有人习惯早起。又如我们回家时习惯走某一条路线，后来搬了家，一直提醒自己要走另一条路线，但是一旦在打电话或者想事情时，一不小心又会走回自己习惯的路线，这就是习惯的巨大力量。而小学阶段培养起非常多的良好习惯，可以为以后的终身学习、终身发展打下坚实的基础。

播下一个行动，收获一种习惯；播下一种习惯，收获一种性格；播下一种性格，收获一种命运。简单来说，就是习惯决定命运。孩子以后生活质量的高低、办事能力如何，或多或少都与习惯有关。而3—15岁正是习惯养成的绝佳时期，小学阶段是6—12岁，正处在这个习惯养成的关键期内。

所以，各位家长，不管你平时的工作或者学习有多忙，都要抽出空来陪伴孩子，帮助孩子养成良好的各种习惯。因为家长是你一生的事业，没有任何事业能比这个事业更重要、更伟大。同时，孩子也不仅是你们自己的孩子，你们也是在为国家和社会培养人才，所以要有足够的责任感来培养孩子。

二、小学阶段需要培养的几大习惯

1. 关于吃饭

尽量培养孩子多吃蔬菜、水果的习惯，要把零食取消，用水果代替。还要注意培养孩子吃饭时的礼仪。

2. 关于健康

身体是本钱，而锻炼身体是值得你一生坚持的事业。只有拥有强健的体魄，才有资格谈学习和生活。所以，培养良好的生活习惯很重要，如早睡早起，坚持锻炼；经常参加户外活动和体育运动；保持规律的作息时间；远离垃圾食品；不要沉迷网络，伤眼又伤脑。

帮孩子找一项自己热爱并且可以经常做的运动，坚持下来，会使孩子终生受益。

3. 关于卫生

讲卫生既关乎自己的身体健康，也关乎自己受欢迎的程度，人们都喜欢与讲卫生的人做朋友。

4. 关于善良和爱心

教育孩子善良和富有爱心。善良和爱心，不但对他人有利，对自己更有利。一个善良和富有爱心的人，在社会上肯定比自私自利的人更受欢迎，也更容易得到成功。

5. 关于礼仪

礼仪习惯就是我们平时经常说的教养。例如吃东西不要狼吞虎咽，既不利于消化，也有损形象；吃东西不发出声音或者发出尽量小的声音；喝汤不用公勺；不管什么食物，再喜欢也不能直接端到自己面前；到别人家做客，不经别人同意，不要乱翻别人的东西；当需要别人帮助时，要说请，当别人帮助了自己时，要说谢谢；见到长辈或者朋友主动问好，等等。

6. 关于家庭作业

给孩子规定好每天写作业的时间，例如每天放学后，回家就认真写作业，写完作业再玩。没有规矩不成方圆，等家长帮助孩子养成了这个好习惯以后，家长就省心省力了。

7. 关于劳动的习惯

例如俞敏洪，之所以后来创业时得到了大学同学的投资，也是因为有爱劳动的好习惯。他在大学期间，每天自觉自愿打扫宿舍卫生、为大家打开水，所以大学同学一致认为他是个靠谱的好人，愿意帮助他。

8. 准时、按时的习惯

例如按时地上学、放学是一种习惯，迟到也是一种习惯。

9. 良好的学习习惯

包括每天读书的习惯、不动笔墨不读书的习惯、按时做作业的习惯等。

10. 自主能力、独立能力

三、家长勤于学习，不断提高自身素质

孩子的眼睛就是一个小摄影机，随时随地都在监视着你，每个家长都要有这种危机感。家长希望孩子成为一个什么样的人，自己就要首先成为一个什么样的人。家长的示范性非常重要，所以家长也要好学。

家长要阅读育儿书籍，不断学习有效的教育教学方法。

也有的家长会说："我们上班已经非常累了，回家休息一下还要给孩子做示范，真累。我也想玩玩手机、看看电视、打打游戏，如果实在忍不住，怎么办？"那么，最低限度，在孩子面前做得好一些，在把孩子哄睡以后，你可以玩一阵。我在书上看到一对睿智家长的做法，可以推荐给大家。他们在孩子写作业和复习时，也在旁边看报纸或者看书；等孩子上学以后或者不在家时，再放松放松，看看电视、玩玩手机。这不叫伪装，这叫示范效应。

目前，有一种管理孩子的方法比较有效，也正在普及，那就是正面管教方法。它的精髓是：温柔而坚定。就是应该有原则时一定要有原则，非常坚定，不动摇，但是态度上要非常温柔。例如说好平时周一到周五晚上不能看电视，那就坚决执行，千万不能因为心软而破例。只要破例一次，以后就很难坚持下去。

四、多陪伴孩子，并且是高质量的陪伴

什么叫高质量的陪伴？就是专心陪孩子玩、讲故事或者学习，而不是边陪孩子边玩手机，心不在焉，这样让孩子觉得手机比他重要，并且失去教育孩子的契机。给孩子讲故事或者让孩子讲故事给自己听，长此以往，孩子将受益无穷。

陪伴孩子、教育孩子是有有效期的，有效期是从孩子出生开始到其青春期。青春期之后，家长说的话，作用一般都没有孩子上小学时那么大了。总之，孩子的年龄越小，陪伴和教育就越有效。比如说背诵古诗词，也是在孩子

接触事物不多、大脑比较空白时效果最好。

五、几个注意事项

1. 不随便和孩子开过分的玩笑

由于孩子的认知能力有限、明辨是非的能力也十分不成熟，很难分清哪个是玩笑，会信以为真，进而在幼小的心灵上留下难以抹去的印记。

2. 不轻易给孩子贴标签

很多家长常常因为孩子的一些表现就给他贴上各种各样的负面标签，这种标签给孩子的影响、尤其是负面影响是很大的。研究发现，人一旦被贴上某种标签，就会成为标签所标定的人。

3. 不否定、打击孩子

对孩子来说，父母是他最亲近的人。父母越是否定孩子，对孩子打击越大，也越容易摧毁孩子的自信心。这是因为父母的否定、打击，会给孩子消极的心理暗示。

4. 重承诺，不空许

为了哄孩子，很多父母经常给孩子做出承诺，等孩子做到了，却以工作忙、没时间兑现承诺来无限延期，甚至有的直接以一句"骗你的""逗你玩的"来搪塞，这会伤害孩子的心，同时给孩子一个不讲信用的榜样。一旦孩子对父母失去信任，父母在孩子心中的威信和说话的分量也会大打折扣。不随便承诺孩子，一旦许诺，必定兑现。

六、进入小学后需要家长配合做到的事情

1. 学习准备

家长要帮孩子买好学习用具，包括书包、文具等。书包不要买带轮子的书包，买那种双肩背的书包，因为双肩背是最科学的。

文具要买最简单的文具，可以用来学习即可。例如铅笔盒，不要买花里胡哨的那种，虽然看起来好看，但是孩子上课容易分心。又如铅笔，要买最简

单的用转笔刀转的那种铅笔，写出来的字好看，不要买自动铅笔。书本要包上书皮，教育孩子爱惜书本，也给孩子一种仪式感。

在学校用的东西，包括书包及水壶、书本等都贴上名字，方便辨认。不然一年级刚入学的孩子，有时会有点迷糊，容易搞混自己的物品。

2. 仪表准备

孩子每周一都要穿礼服、皮鞋。礼服要把所有的扣子系好，包括把最上面的一粒扣子系好。

女生要盘头发。因为每周一早上有升国旗仪式，这也是培养孩子的爱国情怀、责任感和仪式感非常重要的一项活动，所以请各位家长给予足够的重视，一定不要让孩子迟到。

每周二到周五，女生要扎起头发，男生统一短发，统一穿运动鞋，不能穿凉鞋甚至拖鞋到校。

总之，以上就是作为学校层面想提醒一年级新生家长的事情，请大家根据自己孩子的实际情况，有针对性地进行教育。多用心陪伴孩子，多倾听交流，每天给孩子讲故事，培养孩子的良好习惯，几年之后，你将会收获到一个积极、阳光、向上、好学的好孩子！预祝大家成功！感谢大家的聆听！

终身学习之歌

——写给全国中小学教师教育技术能力远程培训

在炎热的酷暑向我们招手的时候，

你也悄悄地向我们走来，

带着几分活力，

带着几分希冀，

期待我们的热烈欢迎。

你用你特有的方式告诉我们：

成长需要时间和空间，

但更需要自觉的艰苦磨砺，

一旦掌握了科学的教育教学技术，

就能事半功倍，同时达到更高的教育境界······

冰雪在慢慢地消融，

春意在渐渐地加浓。

你的到来，

让我们改变了生活方式，

仿佛又回到了学生时代……

我们不再只是简单地学习教材和教参，

业余也不再只是看看电视、玩玩电脑。

我们学会了厚积薄发，

我们期待着更上一层楼，

于是，你成了受人欢迎的快乐宝贝……

时间一天天地过去，

我们的心田中满怀期待，

兴奋地等待着一个又一个模块的出现，

激动地参与着一个又一个热烈的讨论……

果然，一切都像预想的那样在悄悄地发生变化：

好的教育思想钻进了我们的心中，

好的教学行为也悄悄地溜进了课堂，

学生的脸上写满了求知，

我们的脸上露出了笑意……

终于，我们体会到了你的善解人意，

你既解除了我们的舟车劳顿，

又给我们带来了知识和快乐，

我们已经习惯了有你的日子，

我们已经离不开你了……

可是，突然有一天，

你又要离开我们了，

虽然说天下没有不散的筵席，

可是离别终究让人感到悲伤。

于是，

我们写下了情真意切的离别感言，

并期待着与你再一次相见……

全校教师论文集的序

——宝安区塘头小学教师论文集

这是特区的边缘地带，这是教育的一方净土。

在这里，有勤劳而朴实的人民，他们或打工，或种菜，或开店。虽然，他们没有优越的条件；虽然，他们没有太多的时间与孩子相处，也没有科学的育儿方法可以拿来交流、分享。他们可能由于子女众多而无暇顾及每一个孩子，可能由于生存的压力太大而对孩子的教育心有余而力不足。然而，他们也渴望子女成才，渴望孩子成为社会的合格公民，他们也有为人父母的一片情怀……

在这里，有单纯而调皮的孩子。虽然，他们没有高级玩具，也没有高档的服装，他们的脸上可能还挂着汗渍、泥巴，但是他们也有如花般灿烂的笑靥，他们也有一颗上进的心，他们想通过努力来改变生活的艰辛，改变自己的命运，他们也有自己的梦想。教育得好，这些孩子将来一定会成为合格的社会公民，甚至会成为社会的栋梁之材；教育得不够，他们将来可能连基本的生活都很难保证……

面对这样的家长和孩子，我们为人师者怎能放弃，又怎能不全力以赴帮助他们改变命运？在这样的艰苦环境下，我们教师的坚守是何其重要！坚守在条件不够优越的地方，坚守在特区的边缘地带，为这里的孩子撑起一片天空，送去一缕阳光和一片希望。

教育本是一项特殊的事业，在现代科技高速发展的今天，对教育从业者提出了更高的要求。它要求从事教育的人要有对孩子的无限热爱，要有一颗不老的童心，还要有比较高的知识水平和教育技术，这样才有可能领着孩子们在知识的海洋里快乐地遨游，才能带领他们看到未来的希望。从老师们这一篇篇用心写成的文章里，从老师们的字里行间，我看到了一种希望、一种无私。这里有对学生学习行为的具体描述，有对教育教学的真切理解，还有从实践上升到理论的具体过程。没有爱能写出这些情真意切的文字吗？古人云："言为心声。"从笔尖流泻出的是更为深沉的爱呀！

不管我们的观点是否全面，也不管我们的词藻是否华丽、结构是否完美，这些文字都代表了我们的思考，指明了我们前进的目标和方向，记载了我们成长的轨迹，也显现出了我们的情怀、自信和责任感。

我们完全有理由相信，有这样一个敬业爱生的教师团体，有这样一种奋发向上的精神风貌，学校规划的宏伟蓝图很快就能实现，学校的崭新面貌很快就会出现在我们面前。到了那时，重新翻看我们的文集，该是一件多么令人自豪的事情！

就把我的这些感想和美好愿望作为这本集子的序吧。

如何因地制宜地激发学生的
学习兴趣

　　"兴趣是最好的老师。"世界著名的物理学家爱因斯坦这么说。伟大的教育家孔子也说："知之者不如好之者，好之者不如乐之者。" 在教育教学过程中，如果能很好地激发起学生的学习兴趣，让他们自主学习、快乐学习，就一定能收获更好的学习效果。而激发学生的学习兴趣，也需要因地制宜，根据相应的具体情况，灵活选取激发的各种方式。在教学中，这些激发兴趣的方式，不但需要在上课前预设，更需要在课堂上生成。

　　例如在教学人教版小学语文二年级下册语文园地三的内容"日积月累"十二生肖时，看到"子鼠、丑牛、寅虎、卯兔、辰龙、巳蛇、午马、未羊、申猴、酉鸡、戌狗、亥猪"这些生僻的字时，我想：即使是成年人，也未必能写对这些字，何况是二年级的小学生呢？于是在课堂上马上想到了一个办法，从生活出发，激发学生对这部分内容的强烈兴趣，那么记忆这些字应该不成问题。接着我马上抛出了一个问题："我们班属鼠的同学请举手。"没人举手。"属牛的呢？"也没人举手。直到问到"谁属龙"的时候，班里的大部分学生举起了手。再问到"谁属蛇"的时候，班里另外的同学都举起了手。我进一步问道："还有其他属相吗？请举手。"没人举手，随即确定了这个班的同学为属龙或者属蛇的学生。为了激励他们向上，我说："听说属龙的人特别善于挑战自己，让自己比以前更有进步，我们班的属龙同学都是这样吗？大家举手我再看看。"这时，我看到之前非常干脆举手的同学中有几个犹犹豫豫地举手举了一半。好，只要能触及到他们的内心就可以了。我又说："听说属蛇的人特别灵活，比较会动脑筋、想办法，是这样吗？请属蛇的同学举手给我再看看。"同样的反应。我暗自偷笑，希望我的话能给他们一些暗示，让他们能按照我说的那样良性发展下去。

我接着问道："你们知道为什么你们都是这两个属相，而不是其他属相吗？"一个学生回答："因为我们的年龄差不多，只相差一岁。"看来，还是有学生知道哦。我接着说："你们知道你们都是几岁入学吗？""年满6周岁。""对，你们都是入学时刚好6周岁或者6周岁多一点，所以我们这个班的同学年龄相差不大，基本都相差一岁左右，你们的属相是属龙和属蛇两个相邻的属相。那你们知道关于属相的故事吗？小老鼠这么小，为什么跑到了属相的第一位去了呢？鼠是怎么能跑得这么快的？"由此引出了鼠和猫的故事、鼠和牛的故事，学生听得津津有味。讲完故事以后，我说："子鼠、丑牛中的鼠、牛等是属相，子、丑、寅、卯、辰、巳、午、未、申、酉、戌、亥称为十二地支，十二地支对应十二生肖。"在这整个过程中，由于穿插了自己的属相、故事等等，学生全程都非常感兴趣，奠定了他们记熟这部分内容的基础。最后，我还把"己、已、巳"三个字写在黑板上，并分别组词，让学生仔细观察这三个字的异同点，突破容易混淆的地方。

又如在教学人教版小学语文二年级上册的《朱德的扁担》这篇课文时，由于课文内容是战争年代的故事，离学生非常遥远，学生也不够了解朱德总司令是谁、他为中国革命做出了哪些贡献。为了拉近课文内容与学生的距离，让学生更好地理解文本，上课之初，我先在黑板上画出了山顶和山脚的大概位置，让学生了解红军部队当时与敌人离得多么近，从而更好地理解红军当时所处的情境是多么险恶。接着，我又让学生先了解扁担是什么样的，有少数几个学生说在农村老家见过扁担。为了让学生对课文产生兴趣，对扁担有更直观的了解，我请几个学生到黑板上画扁担。其中有一个学生画得惟妙惟肖，连扁担每一个细小的部分都画出来了，不得不佩服学生的内在潜力，看来学生中有各种各样的人才等着我们去发掘。在生动形象的扁担图画面前，学生对课文的兴趣瞬间被点燃，从而也更愿意听我讲述战争年代的一些故事，包括朱德总司令的一些事迹。也因为我在课堂上这样因地制宜地激发了学生的学习兴趣，本篇课文的难点被很好地突破了，达到了令人满意的教育教学效果。

以上就是我对如何因地制宜地激发学生的学习兴趣的一些思考，在以后的教育教学工作中，我将进一步增强自己的教育教学功力，力求达到更高的境界。

带领学生走进中国古文字的
瑰丽花园

为了备好人教版小学语文二年级下册的《我是一只小虫子》这篇课文，我对中国的古文字——甲骨文进行了比较深入的学习。

由于《我是一只小虫子》一课中有"屁、股、尿、净、屎、幸、使、劲"这些生字，而这些生字中有三个带"尸"字头的生字，因此"尸字头"成为我探究本课古文字的重点。我不但深入探究了"尸"字的甲骨文、"尸"字的汉字演变过程，包括甲骨文、金文、小篆、隶书、楷书等，还查阅资料，把"尸字头"涉及的一些字的规律找出来，例如有"尸字头"的字大多与人体、尸体有关，如"屎、尿、尾"等；部分带"尸字头"的字与房子有关，例如"层、屋"等；部分带"尸字头"的字与鞋子有关，例如"履、屐"等。在备课过程中，我把这些资料都做成课件，在课堂上放出来时，学生非常感兴趣。

虽然之前我也介绍过中国的甲骨文，告诉学生甲骨文是中国几千年前的文字，是刻在龟甲和兽骨上的文字，那时由于还没有发明纸和笔，但是又需要记录一些事情方便生活，同时为后人提供经验，所以中国古人想到了在龟甲和兽骨上刻下一些符号，来指代具体事物，这就是中国最早的文字。但是考虑到

第一辑 教育教学感悟

二年级学生年龄比较小，除了简要介绍甲骨文、在一些课文教学中出示部分汉字的甲骨文以外，并没有涉及更多的内容。在教学本课前，我想：学生虽然年龄小，但是对于一些难一点的内容，只要我们注意教学时的方式方法，应该也会起作用。不然，怎么解释不少三四岁的孩子就能背诵比较艰涩难懂的古诗词呢？我们要让孩子跳一跳能摘到桃子，也不要低估了孩子的潜力。想到此，我决定对这些二年级的学生教得更深入一些。本课不但教学了"尸"字的甲骨文，还展示了"尿、屎"等字的甲骨文，从而使学生对会意字有了更深刻的理解，有利于他们后续的生字学习包括学习兴趣的增强。另外，为了拓展学生视野，我还将二三十个字的甲骨文打印在一张纸上，复印了好几份，准备作为奖品发给学生。结果，在奖励学生认真上课、积极回答问题时，好多学生跟我说："老师，我想要甲骨文的那张，不要生字卡片。"而以前，学生对于得到生字卡片这个奖品是非常感兴趣的。甲骨文资料供不应求，我想也许因为甲骨文的内容更丰富、更新奇有趣，远远比生字卡片立体多了、形象多了，因此更受到学生的欢迎，这是我非常愿意看到的景象，也是我对学生美好学习前景的期待。

为了进一步强化学生自主学习的效果，在学生上课结束做爱眼操时，我又补充了几句："浙江嘉兴有一个13岁的少年，能写400多个甲骨文，你有兴趣去挑战吗？"学生跃跃欲试。通过此课的教学，看到学生对于甲骨文的强烈兴趣，我决定在以后的课文教学中更多地引入甲骨文的内容，带领学生走进中国古文字的瑰丽花园，从而更好地实现语文新课标所说的"认识中华文化的丰富博大，吸收民族文化智慧。培植热爱祖国语言文字的情感。能主动进行探究性学习，在实践中学习、运用语文"等目标，全面提高学生的语文素养，培养学生的爱国主义感情。

研修学习心得

解读学校发展策划

——聆听北京教育学院校长、研修学院李丽教授讲座有感

以前，我对"学校发展策划"这个概念基本上没有了解。今天上午，聆听了北京教育学院校长、研修学院李丽教授的讲座《学校发展策划专题研究》后，我茅塞顿开，对"学校发展策划"有了一个全面的了解，也开始思考这个问题。

通过学习，我知道了策划不是新鲜事物，在古代早已有之，西周时期的姜子牙就是有史可鉴的第一位策划大师。他为了引起周文王的注意，达到报效国家和实现自己政治抱负的目的，策划了一系列活动。首先，他在湖边用直直的鱼钩钓鱼，他的这一奇怪举动引起了群众的好奇和议论，传到了周文王的耳朵里。接着，周文王慕名而来，好奇地问他时，他回答："我这是姜太公钓鱼，愿者上钩。"接着又说："我这是在钓天下。"引起了周文王浓厚的兴趣。最后，当周文王问他这些话的意思并向他讨教天下的政治形势时，他才和盘托出，讲出自己对天下形势的对策和自己的政治理想。姜太公的一系列举动完全符合策划强调的目的性、策略性、操作性等特点。由这个故事，李教授引出了策划的含义：策划即筹划或谋划，是指为了实现某种目的，审时度势，提

出新颖的策略，并达到某种目的的创造性活动。

国外策划学对策划有几种解释：一是事前行为说，二是管理行为说，三是选择决定说，四是思维程序说，五是全面界定说。哈佛大学的全面界定说认为，策划是预先决定做什么、何时做、如何做和谁来做。但策划又不同于点子。点子只是出主意，至于之后的操作及效果，出主意的人一般不理会，而策划的特点是既出主意又有实际操作，特别强调策划的操作性。同时，策划还具有创新性、时效性和风险性等特征。

通过学习，我懂得了校长进行学校发展策划的必要性。以前人们常说："酒香不怕巷子深。"但是在改革开放日新月异的今天，在竞争激烈的现代，如果校长不抓住时机进行发展策划，就很难为学校谋求新的出路，很难使学校实现质的飞跃。世界石油大王哈默说："游戏规则在改变，通向未来的路不是回家的路，过去为你赢得成功的方程式将给你的明天带来失败。"他告诉我们，经验在贬值，我们要改变固有的心智模式。在现代社会，经验不足或经验过多都可能会失败。而且，学校发展策划能使学校突破发展的高原期，即发展的停滞阶段，顺利实现质的跨越。

我还懂得了学校发展策划的几个策略，如善出奇兵、项庄舞剑、借船出海、攻心为上、先发制人、人才制胜等，进一步感受到"借船出海"的魅力。如通过借政策、借品牌、借名人、借活动等提升自己学校的名誉和实力，使学校、教师、学生达到三赢。

这就是"学校发展策划"这一课给我的诸多启示。在以后的工作中，我会经常进行思考，把学校发展策划的一些想法与学校实际相结合，争取用学校发展策划的知识对学校发展起到有益的推动作用。

如何完成自我修炼

——聆听北京小学校长李明新讲座有感

今天我认真聆听了语文特级教师、北京小学校长李明新的讲座《从中间人到中坚力量》，感触良多。早在七年前，我就听我当时的校长说过"自我修炼"这一主题，她提到了一本书，叫《第五项修炼》。但是因为当时工作经验匮乏，也缺少对自己专业的规划，因此只是一听而过，没有进行此项学习。随着近几年工作经验的积累和思考的深入，我越来越觉得自己非常有必要进行自我修炼。

一、要加强思想高度上的修炼

近几年来，我在学校担任的工作较多，对自己的个人成长往往心有余而力不足。今天通过学习我懂得了：要实现自己的飞跃，助力人和阻碍人都是自己。人首先要达到思想上的高度，其次才能达到行动上的高度。著名特级教师吴正宪说过：悟"道"大于学"术"，这是非常有道理的。

二、要加强人格上的修炼

一直以来，我引以为自豪的是自己的善良、真诚、勇敢等品质。我责任感强，喜欢思考学校的发展规划，在发现学校问题的同时勇于向校长和同事提出意见和建议；我真诚待人，与人合作，在学校中收获了许多朋友。但在我的性格中也存在一些缺陷，那就是性子较急、不够耐心、工作方法缺乏艺术等。今天通过学习我明白了，智慧的思想还要通过智慧的行动来推行，我们在工作中要考虑科学的方式方法，同时要时时保持平和的心态，不要冲动，这样才会给工作增加助力而不是阻力。

三、要加强学识上的修炼

通过学习，我感觉自己与李明新校长的差距不是一小步，而是一大截。这种差距从何而来？应该是来自于我们学习力的差别。几年前我就听一位名家说过：现在人与人的差别不是学与不学的差别，而是学得快与学得慢的差别。当时，我还是很好学的，工作之余经常阅读教育教学的理论书籍和一些名家论教育的著作，如著名盲人作家海伦·凯勒的启蒙老师莎莉文的《教育手记》《给教师的一百条建议》等。但近几年来，随着年龄的增长，我逐渐有了懈怠心理，因此用于学习的时间少多了，理论水平也在一点点下滑。现在我懂得了"学习如逆水行舟，不进则退"的道理，有一种学习的紧迫感。

四、要加强工作效率上的修炼

李校长"从'忙于事务'到'善抓重点'"的阐述让我茅塞顿开。目前在学校里，我担任教学处副主任，除了日常的教育教学工作外，还有许多的繁杂事务要处理，因此经常陷于日常事务的处理中，有时反而削弱了对重点工作的关注。李校长告诉我们，作为学校的管理层，我们首先要抓的重点是观念更新，因为这是实现课改的关键。其次要抓的重点是评价改革，因为这是把理念转化成行为的重要手段，而评价的功能就是反馈、调整、诊断、甄别和促进等。这太有道理了。任何好的决策如果没有相应的评价手段去评价，它就是空中楼阁，无法实现。接着要抓的重点是教师文化建设，因为这是推进以校为本教研制度的重要保障。李校长认为，作为学校管理干部，必须在推进校本教研机制的同时，大力推进新的教师文化建设。只有形成了与课改要求相一致的教师文化，才能增强校本教研的实效性和教师工作的自觉性。

我们只有加强以上四项修炼后，才有可能完成从中间人到中坚力量的转变。李明新校长的讲座留给我们的启示太多太多，我只是撷取其中让我感触最深的一些思想，写下如上感想，以此共勉。

为生命奠基的教育

——聆听北京四中校长刘长铭讲座有感

今天早上，我们聆听了北京四中校长刘长铭的讲座《学校教育的价值》。讲座开始了，他的声音不大，语调平和，但平和中却透着一种宁静和一种坚定。在他四个小时平静的叙述中，我的心感受到了一种与这个喧嚣的世界截然不同的安宁，他平白、朴素的语言和睿智的思想如涓涓细流，在我的心中慢慢地流淌，使我如沐春风，感到一种理性、思辨的美，思绪也不由得跟着他一起走进了一个理想教育的世外桃源——北京四中。

北京四中的教育堪称为生命奠基的教育。只看刘长铭校长对学生着重进行的四个教育，就能深有感触。一个人在社会中生存，其生活中不外乎三个内容：工作、学习、生活，而刘校长的四个教育正是为这些方面奠基的。他的四个教育分别是生命教育、生活教育、职业教育和公民教育，而生命教育是所有教育的基础。确实，如果一个人不热爱自己的生命、不热爱别人的生命，其他的一切又从何谈起？他怎么可能去爱祖国、爱人民、爱生活？学校在教会学生知识的同时，是否教会了学生探究生命的起源，体会生命的来之不易，让他们珍惜自己的生命和健康，幸福地过好自己的每一天？这些教育，我们的学校触及到了多少？虽然说这跟每个家庭的教育也息息相关，但各位家长的知识水平毕竟是高低不一的，有许多家长达不到进行生命教育的层次，这就要求我们的学校教育要负起这个责任来。如果每个学生从读书起都能受到这种生命教育，那么到他长大后，不管是成为科学家还是成为普通工人，他都会是一个快乐的人、一个自食其力的劳动者。

在刘长铭校长的生命教育中，他把生命教育分为三个层面：技能认知层面、情感态度层面、精神信仰层面即终极价值层面。在技能认知层面中，进行健康常识心理、两性健康、避害、纯洁、保护等教育；在情感态度层面中，则进行珍惜、敬畏、尊严、纯洁等生命的意义的教育；在精神信仰层面也就是终极价值层面中，则进行存在的意义、死亡的意义等教育。经过这样教育的学生，就算他们以后在工作、生活中遇到再多的艰难险阻，也能乐观地面对生活，这就是我们学校教育的价值所在。这也正印证了刘长铭校长的话，他说："教育有'时尚价值'与'永恒价值'之分，我们四中重视的就是教育的永恒价值。我们要为学生的终身发展奠定基础，对学生的一生负责，即：使学生健康、幸福地生活和工作，成为职业领域与个人生活的成功者，培养学生忠诚（对于国家）与服务精神（对于社会），培养学生追求卓越的职业与生活态度。"

这就是北京四中刘长铭校长的学校教育，一种为生命奠基的教育。这种教育应该成为我们国家的学校价值取向，它值得我们好好学习和探究。

悟"道"大于学"术"

——聆听全国特级数学教师吴正宪精彩讲座有感

  2009年11月23日下午，我们2009年宝安区教育管理后备干部培训班的全体学员，有幸在北京教育学院聆听了全国特级数学教师、北京教科院基础教育研究中心吴正宪老师的讲座《探索团队研修机制，促进教师专业成长》。在听讲中，我一次次地热泪盈眶，一次次地被吴老师感动着……

  吴老师主要向我们介绍了如何进行有效的团队研修。她从如何激发教师的研修积极性开始说起，就像我们探讨如何激发学生学习的积极性一样。吴老师说："一个教师什么时候能够进步快？是在他（她）进行反思的时候；一个教师什么时候最能够主动反思？是在他（她）受到了刺激，特别是强烈刺激的时候。"吴老师的话引起了我的强烈共鸣。是啊，平时我们经常说"以人为本，以学定教"，但在教师培训中，我们却时常忽略这个问题，没有充分调动教师本身的教研积极性，只是一味地采取"填鸭式"教学，强迫教师接受我们的所谓教研指导，因此教研效果并不好。大教育家孔子说："知之者不如好之者，好之者不如乐之者。"这就充分说明兴趣在每个人工作、学习中的重要性。"好的开头等于成功了一半。"吴老师的精彩开头引起了我浓厚的兴趣。

第二辑 研修学习心得

接着，吴老师以她自己引领创办的数学工作室为例，主要从团队研修的内容和方式、团队研修的理念和模式、团队研修的策略、团队研修的意义和价值等四个方面阐述了如何进行有效的团队研修机制，从而促进教师的专业化成长。她提到，好课不是说出来的，不是模仿的，是练出来、研磨出来的；好教师不是教出来的，是摸爬滚打实践出来的，诚然如是。记得刚从事教育教学工作之初，我好几次上公开课都是模仿教学名家的教学实录，一步一步地按步骤做，但因为没有深入领会其教学精髓，因此经常是东施效颦，弄巧成拙。可见，好课不是模仿的，我们也不应要求年轻教师模仿资深教师的课，而应根据教师自身的特点来进行指导，这样才有指导的针对性，才能达到良好的培训效果。

吴老师的讲座还告诉我，没有问题的课堂其实是最有问题的课堂。即如果学生在整节课中一点问题也没提出，正说明教师没有以生为本，没有让学生带着问题去自主、合作、探究地学习，也没有培养到学生的各种能力，而只是采取了填鸭式的教学方式。吴老师认为，学生的错误是有价值的教学资源，问题丛生的课堂才是一节"活力课堂"，巧妙的教学设计的魅力就在于让学生自主地发现问题、提出问题、解决问题，积极主动地自主建构知识。吴老师还特别重视学生在课堂中的情感体验，特别注意保护学生的自信心和自尊心。正所谓"亲其师而信其道"，我们小学教师更要注意自己的一言一行，注重自己带给学生的情感体验，使学生因为喜欢老师而喜欢上老师的课。

吴正宪老师还认为，研修不能总给教师输血，要让教师自己会造血，这与教会学生如何学、而不是只教知识的观点如出一辙。我们经常说："授人以鱼不如授人以渔。"吴老师的课很好地体现了这一点。

最后，吴老师说的从学"术"到悟"道"再到得"道"，使我省悟到：任何专业技术知识必须依附于高尚的道德，而这些道德修养也正是教师的个人魅力所在。吴老师说的"术"指的是教育教学的知识及技能，她说的"道"是指树立"做好教师"的理想以及教师独特的人格和魅力等。吴老师打动我、让我崇拜的不仅是她那较强的专业知识、深厚的教学功底，更是她那甘为人梯、乐于奉献的敬业精神。从讲座中我们了解到，她不仅创造了多种教研活动形式，亲自为教师们上研究课，还亲自到条件艰苦的边远山区送教讲学，为国家农村教育人才的培养做出了自己的贡献。她说："对比锦上添花的事情来说，我更愿意雪中送炭，因为做雪中送炭的事情价值更大、更有意义。"

毛主席曾经说："一个人最难得的不是做一件好事，而是一辈子做好事。"追随吴正宪老师成功的脚步，我认为她之所以受到人们的爱戴与尊重，源于她极好的人品：善良、真诚、诚恳、谦和、宽容。从讲座中我感觉到，她平易近人、乐于助人、无私奉献，这是值得我们一辈子学习的。

第二辑 研修学习心得

学校特色原来还可以这样"特"

——聆听北京教育学院校长研修学院何育萍教授讲座有感

今天上午聆听了北京教育学院校长研修学院何育萍教授的讲座《学校特色建设的思考与实践》，我才发现学校特色还可以这样"特"。

何教授说："'特色'一词按《现代汉语词典》的解释，是指事物所表现的独特的色彩、风格等。"她先列举了北京师范大学高洪源教授和江苏学者孙孔懿的定义。北师大高洪源教授认为：①学校特色指一所学校的整体办学思路或各项工作中所表现的积极、与众不同之处；②学校特色是符合学校发展需要和办学条件，有一定特点，能够持久推动学校工作发展的优质教育和管理项目，是推动学校发展的切入点。而江苏孙孔懿则认为，学校特色就是学校文化特色，是学校文化个性的积淀。在孙孔懿的定义中有三个关键词：①文化，即学校特色的根本属性；②个性，即学校特色的独特品质；③积淀，即学校特色的形成过程。而何教授则认为，学校特色的关键词是独特、优质、稳定。

何育萍教授还对形形色色的学校特色做了多种划分，如现代特色与传统特色、大特色与小特色、硬件特色与软件特色，等等。学校硬件特色是指物质环境、校容校貌的特色；学校软件特色一是指学校在办学思想、目标、价值规范上的特色，二是指学校在管理制度、管理模式、管理结构等行为方式上的特色，三是指学校在课程体系、教学模式、教学方法等方面的特色，四是指学校在活动、项目方面的特色等。学校办学思想特色是指一个学校的办学思想如果与众不同，也可以作为一个特色，例如史家小学的办学思想是"和谐教育"，即人与人的和谐、人与知识的和谐、人与自身的和谐、人与社会的和谐等。还有学校培养目标特色，例如北京四中的培养目标是做大气的教育，这就是北京四中的特色；又如华东师大二附中的培养目标是为培养德才兼备的优秀人才奠基、为培养青年马克思主义者育苗，这也是华东师大二附中的特色。还有管理组织的特色、管理模式和风格的特色、综合实践活动课的特色、活动特色，等等。

看了何教授的学校特色介绍，我才全面了解了"学校特色"这个词，从以前那种狭隘的观念中跳了出来。以前，我以为学校特色就是每个学校有自己的特色运动，如跆拳道运动、舞蹈、踢毽子等。今天学习后才明白，原来学校特色还可以这样"特"。至此，我对学校特色的概念有了一个全面、深刻的了解，受益匪浅。

要高度重视小学生的心理健康

——聆听北京第二实验小学姚静薇副书记讲座有感

今天听了北京第二实验小学姚静薇副书记的讲座《心雨润物，花开无声》后，我受到很大的启发，特别对她提到的对学生情绪问题的关注深有同感。

我认为，应首要重视学生的身体健康和心理健康，这些是基础，如果没有健康的身体和心理，掌握的知识再多、能力再强，对社会也不可能做出什么卓越贡献。当学生学得快乐时，他就会喜欢学习，反之亦然。北京第二实验小学的许多做法都值得我们学习。比如该校提出：每一位教师都是心理辅导员，要让每一个学生感受到尊重、赏识、信任和理解等；学校设置了心理咨询室、童心室等，并定期邀请学生到童心室玩耍、聊天，引导学生适度释放紧张情绪，宣泄自己的情感。又如该校的心情壁画墙也是任由学生在墙上乱涂乱画，学生宣泄了情感，有益身心健康。学生的心情愉快了，学习起来自然也倍加认真，学习效果得到大大的提高。学生的心理健康了，长大以后就会构成一个和谐的成人社会，全社会的心理、情绪也就健康了。

让我们全社会都来重视学生的心理健康吧，从教师做起，从家长做起，那样，我们教育的明天将大有希望！

一切为了学生的终身发展

——聆听北京丰台二中王志江校长讲座有感

今天上午听了北京丰台二中王志江校长的讲座《把握"三个整体"内涵，构建"文化管理"模型，形成"课程改革"特色》后，心中感慨万千。纵观王校长任职以来进行的各项改革，无一不是为学生的终身发展服务的。

王校长首先讲解了他管理学校的指导思想，即他校推进新课程改革的核心策略是"三个整体"：整体理解教育、整体把握课程、整体推进改革。他谈到一个描述"整体教育"的逻辑链，即从课程到教学、从教学到教育、从教育到哲学、从哲学到课程。王校长首先用科学的思想来指导自己的学校管理，而不是兴之所至、没有目标地乱管一通。接着，他讲解了自己逐步改变旧的管理模式的过程，一个个简洁明快的表格让人极为佩服他敏捷的思维和敏锐的洞察力，同时显现出他作为一名理科生具有较高的语文素养，真是难能可贵！他谈到，教育要有一个契合点，要把自己成长的经历与教育契合起来。他通过蜡烛和稻草的故事来阐释一个道理。故事内容是一位老师考两个学生，问谁能用最少的钱来把房间填满？一个学生买了好多最便宜的稻草来把房间填满，而另一个学生则把一支蜡烛点燃，烛光很快充满了整个房间。讲完生动的故事，王校长对我们提了一个问题：我们的教育到底需要稻草还是烛光？这简直是灵魂的拷问，我们大家都陷入了沉思。他最后阐明自己的观点：教育需要的当然是烛光。我们不但要达到要求，而且要动脑筋、想办法，使自己的教育方式更科学和有效。从这里我们可以窥见王校长的创新精神，他不因循守旧，而是锐意创新。

王校长还形象地打了一个比喻，他说："农夫在储藏粮食之前一定要先了解粮仓的大小等情况。教师就像那个农夫，学生就像粮仓，知识就像粮食，教师在向学生传授知识之前也要先了解学生的情况，这就是所谓的因材施教。"这个比喻很新鲜，给我留下了深刻的印象。储藏粮食尚且要如此的因材储藏，何况向人传授知识乎？

北京丰台二中的教师培养目标是：爱好阅读，善于反思；我爱我的学生，我爱我所任教的学科，我爱这个以我所爱育我所爱的学校。王志江校长说："没有爱就没有教育，不爱教育和学生的人就不该从事教育工作。"这非常有道理。

看着丰台二中的教师培养目标、丰富的社团活动、多彩的校园节日和丰台二中的战略地图，我由衷地羡慕丰台二中的学生，他们是幸福的。他们生活在一个充满爱的环境里：爱他们的校长、爱他们的老师、爱他们的同学，拥有适合他们的学习和各类活动，这就叫和谐校园吧？

王志江校长的讲座处处洋溢着"为学生的终身发展服务"的教育理想和教育激情，值得我们好好回味、好好学习。

营养丰富的白开水最有益健康

——聆听北京市光明小学刘永胜校长讲座有感

　　今天，我们聆听了北京市光明小学校长刘永胜的讲座，感觉他的讲座就像一大瓶白开水，让人十分解渴。白开水既不像咖啡那么浓烈，也不像美酒那么醉人，它没有果汁那么可口，也没有牛奶那么让人沉醉，可是白开水含有丰富的营养，有钙、磷、钾、镁等几十种微量元素和矿物质，是人体不可或缺的，也是人类最有益的饮品。当今世界，科技高速发展，食品良莠不齐，令人眼花缭乱，可是白开水却是让人类最放心的一种饮品，而且它能真的解渴，下面我来谈谈刘校长给予的这瓶"白开水"的营养价值。

　　刘校长的讲座题目是《关于课堂教学的思考》，他主要从更新教学观念、有效听课评课、加强教学反思和提倡留白等四个方面进行了阐述。他说："更新教学观念主要要掌握一个过程、两个基础、三个服务和四种权力。"

　　刘校长说的"一个过程"是：上课是师生之间、生生之间信息传递、情感交流、思维碰撞的过程，是师生共度的生命过程。刘校长强调，上课过程是师生共度的生命过程，因为上课不是简单的教师讲、学生听，而是教师、学生共同来探究学习，共同成长和提高，所以它不只是学生、也是教师的学习和成长，教师也要付出自己的感情和思考，所以是一个共同的生命过程。师生情感交流包括文本对话、围绕着文本的学习而产生的情感交流，还包括课堂中发生的一切事情所引起的情感。例如在上课时，一名学生不舒服呕吐了，这时同学们以及老师表现出的关心和帮助等情感也是一种情感交流，学生会从同学及老师的身上习得情感和习惯。所以说，教师的示范性不仅表现在教学中，也表现在他做人的方方面面。至此，我第一次对教书育人有了更具体的了解。育人不止是口头上的说教，更是行为的示范。所以孔子说："其身正，不令也从；其身不正，再令不从。"

"两个基础"是指做人的基础和终身学习的基础。做人的基础跟前面说的情感交流密切相关，而终身学习的基础则包括学习兴趣、学习习惯和学习方法。刘校长认为，在这三个基础中，学习兴趣是首要的，学习方法是重要的，而学生的学习习惯是小学阶段最重要的培养任务之一，关系着学生将来一生的学习习惯，如及时改错的习惯、及时复习整理的习惯等。

"三个服务"是指教材、教案、教师都应为学生服务。教材为学生服务是指拓展学习资源，使许多周围的事物都成为学习资源，都为学生服务。例如在学习《与时间赛跑》一文时，在学生读不好文中爸爸说的话时，教师可以让学生去找一个年纪与文中爸爸相仿的老师，请他来读，可能会收到良好的效果，这就拓展了学习资源。同时，教师要及时抓住学生有价值的生成，把教学推向深入。例如在课堂中，当学生对某个问题感兴趣或模棱两可时，而且这个问题又是有价值的问题，教师应组织学生进行讨论，这就是由学生发起的课堂行为，也是把学生的问题拓展为学习资源，最有意义。

"四种权力"是指学生有参与、质疑、出错、越轨四项权力。在课堂教学中，很多教师忽视了思维的参与，只重视行动的参与；忽视了课前参与（如让学生查资料、整理资料）、课后参与（如介绍书籍让学生阅读，让学生把学到的知识放到课后运用等），只重视课中的参与，这都是不可取的，要让学生全程参与。长此以往，学生的各项能力都会得到全面的锻炼。在教育教学中，教师不要随便评价学生的质疑能力，以便保护学生的好奇心。因为学生是未成熟的求知者，因此在学生回答问题时，教师要"让每一个学生都毫无遗憾地坐下"，以保护学生的信心。

在讲到如何有效听课、评课时，刘校长从听课的形式和评课的要点两方面进行了阐述，给了我有益的启示。他说，听课应该坐在学生的前面看学生的状态，如果整节课学生状态不好，那么就算上课的教师讲得再好，那也不是一节好课，反之亦然。最好拿一张全班同学的名单，学生发一次言画一下，最后统计次数。听课可以连续听一个单元，了解学习状态；也可以一天连续听一个班的课；练习课、复习课也要听；学校行政每星期一次集中听课；特别听中等偏下水平教师的课，并给予帮助，等等。评课的要点是平等协商，而且评课时的平等协商是基于问题的协商，不是简单地罗列教师上课的优缺点，是要就几个问题进行平等对话，这样评课才能起到良好的作用。

刘校长讲的加强教学反思和提倡留白也给予我许多启示。他认为，教师课后要反思四个方面的有效性，包括教学方法选择的有效性、激励方式的有效性、学习方式的有效性和现代技术使用的有效性，特别是学习方式的有效性。他提到，学生在课堂中的学习方式会与以后生活中的生活方式、工作方式紧密相联，这不由使我想到了当前课改的重要任务是改变学生以往的学习方式，变"教师灌输学生听"为"学生自主、合作、探究，教师相机指导"。从讲座中，我进一步深刻地理解了新课改的意义。

总之，刘永胜校长的讲座实实在在、字字珠玑，像一瓶营养丰富又无毒的白开水，使我解了渴，给我以营养。他的讲座引起我许多的思考，也必将对我以后的教育教学工作以及教学管理工作起到重大的指导作用。

只有研究学生才能使学生乐学

——聆听北京教育学院校长研修学院季苹教授讲座有感

何谓教师？从传统观念来看，教师就是为学生传道、授业、解惑的人。新课程理念认为，学生是学习的主体，教师是引导学生发现真知的人。或者说，教师是开掘泉眼的人，而学生就是那一个个鲜活的泉眼。不管是传统观念还是新课程理念，教师的服务对象都是学生。

因此，教师研究学生是理所当然的。

然而在我们现实的教育教学生活中，是否每一位教师都真正研究学生，研究他们的想法和顾及他们的感受呢？其实，每个学生都是值得大人尊重的个体，不能因为学生身体矮小或力量弱小而忽视学生。今天听了北京教育学院校长研修学院季苹教授的讲座《研究学生的意义、内容和方法》后，如醍醐灌顶，再一次意识到自己以前在教育教学工作中的一些失误。

正如季苹教授所说，学生最主要的任务是学习。因此，学生最重要的展示平台就是课堂。而在课堂上，学生最重要的展示平台是教师的关注，否则就会变成教师的"一言堂"。教师要从就事论事的答疑到全面的指导，这样才能真正促进学生的发展。在日常工作中，我们经常会看到"亲其师而信其道"的现象，即学生喜欢哪个老师，就会喜欢哪门课。因此，研究学生、相信学生、尊重学生，这是作为一名教师的优秀品质。

用季苹教授的话来说，研究学生能克服主观认识与客观现实的差距，实现教与学的和谐，让学生走出郁闷。同时，研究学生能展示学生的才能，避免低估学生，给学生带来自信。因此，教师最重要的素质是热爱学生。研究学生会让学生喜欢上老师这个人，进而喜欢老师教的知识，这是多么美妙的事情！教师要充分利用自己对学生的重要影响，让学生喜欢上自己，喜欢上自己所教的知识。如果每一位教师都能尽量做好这一点，那我们的教育振兴指日可待！

春风化雨，润物无声

——北京市朝阳师范学校附属小学挂职锻炼有感

转眼间，我到北京市朝阳师范学校附属小学（以下简称"朝师附小"）挂职锻炼已经两个星期了。在这两个星期里，我有太多的感触、太多的收获……

北京市朝阳师范附小是一所朝阳区教委直属的公办小学，建校于1958年，是一所有六十多年历史的老校，有着很深的教育积淀。它有三个校区：和平里的校本部、太阳宫附近的寄宿部以及望京分校。三个校区共有57个教学班，学生1500人，教师142人。90年代后，不断革新成为朝师附小发展的源动力，学校时刻走在全区小学的发展前列，成为教育改革的先锋和排头兵。近几年，在齐振军校长的带领下，学校进入了快速发展的新阶段。

我们挂职在太阳宫附近的寄宿部，有22个教学班，平均班额25人，采取小班化教学。三个校区的校园文化都美轮美奂，不但随时随地给人以知识，而且随时给人以美的享受，让学生潜移默化地得到熏陶和感染，从而实现"让学校的每一面墙壁都说话"的环境育人目标。

在朝师附小的两周时间里，我们还听了许多节课，有各类课题的研究课，有代表朝阳区的展示课，还有学校行政人员听的家常课。不论哪一类课，课堂里都充满了新课程改革的气息，教师的循循善诱、学生的善思会说无不给人以惊喜，让我们进一步领略到北京教育的魅力，领略到北京作为首都的教育大手笔。现特将我在朝师附小挂职锻炼的感受小结如下：

一、环境育人，校园环境美轮美奂、内容丰富

每一个走进朝师附小的人，首先会感受到整洁的环境：明亮的镜子、能照出人影的地板、干净的楼梯栏杆等，让人十分舒服。特别是它的校园文化，更是让人叹为观止。学校的校园文化建设得特别好，到处都是美丽的图案，既给人以感染、熏陶，又符合小学生作为儿童的身心特点。朝师附小三个校区的校园文化主题均不同，寄宿部的校园文化以童话为主题，学校的所有墙壁上都装饰有关于童话的内容，如童话的起源、童话的特点、童话的内容、童话的作者介绍及学生对某篇童话的理解等，内容囊括童话知识的方方面面，给人以丰富的知识和启迪；校本部的校园文化以文学为主题；望京分校的校园文化以诗歌为主题，在走廊的每一面墙壁上都能看到关于诗歌的内容，比如诗歌作者的介绍、诗歌的分类、诗歌的内容等，使人赏心悦目，流连忘返。

二、办学思想新，管理有特色

朝师附小的办学思想可以归纳为三句话：以文化引领方向，以改革推动发展，以特色提升品质。朝师附小的核心文化是"悦"文化，这是十五年前对学校几十年来的办学历程、办学思想和文化成果梳理和总结得出的学校文化核心。教师的教和学生的学均围绕"悦"这一思想展开，学校的活动也以此为核心，进行科学策划，将教育融合在活动之中，让学生爱学、乐学。"悦"文化让学生敢于质疑、勇于表现、乐于表达、善于学习，在阅读上实现"阅读—悦读—越读"的三级跳目的。

学校管理有特色。朝师附小的学校管理就像一个经纬网，横向由各校区的各个年级组组长管理，纵向由统一的教研组如语文组、数学组等管理，组织管理严密。学校既有专门负责各校区管理的行政，又有负责某方面专门工作的

第二辑 研修学习心得

行政，如专门负责三个校区教学的蒋国霞副校长、专门负责三个校区德育的张洁主任等。学校在教师队伍建设上倡导"机会留人"，提倡"机会就是待遇"，给予教师尽可能大的发展空间和提升机会。其次在新教师的培训方面，朝师附小有着成熟的机制。先是到师范高校选拔面试，确定意向后，于毕业前的那个学期到学校进行岗前锻炼，担任学科教师和班主任，暑假再统一进行培训。这样一系列的职前培训，可以让教师很快进入教学角色。在评价教师的机制上，不仅对工作业绩进行评价，更重要的是对在学校开展的各种活动中综合表现出来的价值观进行评价，倡导主流价值观的统一。在育人方式上，以"以师育生、以境育生、以生育生"的思想为指导，营造浓郁的育人氛围，用课堂、环境、活动构成立体教育情景，让学生得到潜移默化的体验和熏陶。

三、规章制度健全，管理规范，落实到位

规章制度健全是任何一个单位实现低时高效的基本保证。在朝师附小挂职两周，我进一步体会到朝师附小的规章制度健全，管理规范，而且落实到位。在德育及教学上，朝师附小都有自己一整套的规章制度，如《教学管理制度汇编》《德育管理制度汇编》《朝师附小主流文化读本》等。例如在《朝师附小主流文化读本》中，有朝师附小校徽、校旗、校训、校歌的具体解释，还有朝师附小主流价值观的具体呈现，这些明确清楚的概念有利于全校教师有共同的奋斗目标、共同的愿景，可用于指引自己的教育教学方向。有了规范，还必须落实到位才有效果。朝师附小每周二早上为学校的行政活动时间，首先全校行政及各相应科组的教师先集体听一节课，每位行政包括本校区主管、教学副校长、校长等进行评课；然后开行政例会，全体行政人员学习一篇文章并谈心得后，再汇报、布置相应的工作；最后，行政主管检查早上上公开课的教师的教案、作业等，有具体的检查标准，以点带面，监督教学。这一系列的行政会议流程反映出朝师附小领导的远见卓识，他们清楚地认识到教育教学才是学校高效发展的抓手，无论学校事务多么繁忙，一定不能忽视对教育教学的指导和管理。他们在对教师的听课上做到三点：一是从时间上把握，确定听课时

间，雷打不动，每周二上午就是学校行政人员的集体听课时间；二是抓教学的人得确定下来，而且抓教学的人不能给过多事务工作，主要任务就是听课并指导；三是校长集中听课，校长只要有空，就集中听课一个上午，有时是集中听一个年级，校长每次听课后都与教师座谈交流，指出教学中整体存在的问题。这三点很好地保证了行政听课达到实效性，进一步引领学校教师提高教育教学质量。

四、教学模式新颖，班级小班化，低年级为包班制

朝师附小的教学模式很新颖，班级小班化，每个班的平均人数为35人左右，绝不以教学质量的降低作为学校增加收入的代价。一、二年级均为包班制，即语文、数学两门课均由一位教师完成，这符合教育教学不分家，变分立的教育为融合的教育的理念，同时更容易责任到人，实现对学生的全方位教育。而且一、二年级的课程较简单，语文、数学由一个人来教应该不是难事。

五、学生的独立能力和实践能力比同龄人强

朝师附小的学生独立能力和实践能力比同龄人强，这是学校长期坚持开展学生活动的结果。例如在朝师附小，学校的班级图书角、教室走廊的图书架、学校体育器材、餐厅的纪律、宿舍的纪律等，学校基本上放手让学生自己去管理。中午时间，图书长廊的学生管理员会一起巡查学校各处的图书架，他们一边整理图书，一边讨论怎样把长廊布置得更好，以吸引更多的同学来看书。学校还充分利用每一个空间和时间，尽量多地给学生提供自我展示的舞台。学校为爱童话、爱表演的学生创建了"童话梦工厂"，每周一、三、五的中午，学校的"童话梦工厂"就安排演出，节目由学生自己编排，可以讲童话，也可以演童话。观众分年级参加，节目可以表演给同年级的同学观看，也可以表演给别的年级的同学看。学生参与的热情很高，认为这个活动能展示自己，还学会了欣赏别人，又能跟同学交流课外阅读的成果。学校为爱动物的学生设置了"动物世界"，学生把自己喜欢的动物图片和文字解说制成各式各样

第二辑 研修学习心得

的卡片悬挂在绿色长廊里，还亲自到长廊中给同学们讲解；为爱科技的学生开辟了"科技园"，向同学们介绍科技知识，也展示学生自己编制的精美手抄报。其他如阅读节、体育节、艺术节等，更是每年在固定时间举办。学校还积极组织学生的实践活动，希望学生在实践锻炼中得到成长，例如组织学生参加国庆庆典、与国内外学校交流、请名家进校园等。朝师附小的学生还有一样绝活，就是他们的管乐特长，每天下午的五点到六点，是全校学生统一参加管乐训练的时间。目前，管乐已成为学校的品牌项目，经常参与国内外的一些交流活动，并在各级比赛中频频获奖，艺术教育已成为学校教育的一个突破口。

　　总之，在这短短十多天的挂职锻炼时间里，我接触到了北京市最前沿的教育理念和教育信息，学习到名校的管理经验，视野得到了极大的开阔，理论水平及工作能力得到了很大的提高，堪称一次完美的"头脑风暴"。我要感谢宝安区教育局领导、教科培中心领导、街道教办领导以及学校领导，感谢他们给了我这次学习机会，也感谢北京教育学院的领导和和蔼可亲的杨雪梅老师、何育萍老师。同时，我也再一次感受到宝安区教育局领导的远见卓识，明白了为什么宝安区居民状况如此复杂，而宝安教育却能成为广东省首个"镇镇为教育强镇"的教育先进示范区。有了这样高瞻远瞩的领导班子，有了这样大力培养教育干部的决心和魄力，我相信宝安教育的明天必定会更加灿烂，更加辉煌！回到宝安后，我会把自己的所学运用到工作中去，为宝安教育的发展贡献自己的一份力量！

变分立的教育为融通的教育

——北京市理论学习及挂职锻炼一个月小结

一个月前，我区教育局领导及教科培中心领导谆谆叮嘱我们要学成归来的情景还萦绕在脑际，转眼间，我们来到北京教育学院学习已经将近一个月了。

在这将近一个月里，我们先学习了各个层面的教育教学理论知识，又到好几所北京名校实践学习。接着，我们这四十名同学又兵分八路，分别到北京市人大附中、铁二中、灯市口小学、西师附小、朝师附小等八所学校挂职锻炼了两个星期。理论加实践的结合，使我们全体同学经历了一次全方位的头脑风暴。下面，我想就这一个月来的学习谈谈我的体会和收获。

综合这一个月来的学习，教育专家们想告诉我们的就是：应该把学生培养成一个什么样的人？是一个只会考试、没有理想和生活情趣、没有独立生活能力的苦行僧，还是一个有理想、有情趣、会学习、独立生活能力强、快乐的人？答案当然是后者。但多年来，由于高考指挥棒的作用，许多教育工作者越来越远离教育的本源，把教会学生学习片面地理解成会做题、会考试，从而造成了一大批高分低能的人。在有幸聆听了北京四中刘长铭校长的讲座《学校教育的价值》后，我如醍醐灌顶，终于找到一个合适的词来形容目前教育的状况和我们教育的理想了，那就是要变分立的教育为融通的教育，这就是变应试教育为素质教育的最好解释。

例如在北京四中的生活教育中，开设了家政技能课，如烹调课；在职业教育中开设了创业技能课、职业规划定向课、职业技能课等，如通用技术课等。在生命教育、生活教育中，北京四中设计了人生远足训练营，即让学生走出学校、走向社会，去游历祖国的大好河山，培养学生热爱祖国、热爱生活的感情和顽强乐观的生活态度；让学生走出国门，感受异国文化和异域风情，培养他们广阔的视野和包容、谦虚、和平、合作的国际情怀。

北京四中的特别之处又表现为重视培养复合型人才，如在中秋节组织中华诗词吟诵活动时，要求文理科学生都参加，这就打破了学科界限，培养了理科学生的文学素养和人文主义情怀，让文理科学生都感受到灿烂的中华文化。而在文科课程中，他们又重视培养学生的理性思维，如北京四中的语文科有一个网络课堂，每次学习语文课文后，学生、教师都会自发地在网络课堂中写下自己的所思所想、心得体会，这有利于培养文科学生的思辨精神，锻炼他们的逻辑思维能力。北京四中的培养目标是：培养学生善良的人性、科学的理性和国际视野，以及培养学生文化融通的能力。这些教育也正印证了刘长铭校长的话。

我认为，北京四中的教育就是融通的教育，而不是分立的教育，而融通的教育才是真正培养人的教育。从概念上来说，分立的教育即目标单一的教育，例如国家教育方针是德、智、体、美、劳全面发展，有的部门就片面地理解成设立专门的教育机构来分管德、智、体、美、劳五个部门，而且五个部门之间互不干涉、各司其职，看起来是职责分明，其实是割裂了教育与教学的关系，这就是分立的教育。而融通的教育是不但把这五育融入每一项教育教学工作中，而且随着时代的发展，不断加入一些社会所需的社会元素教育，这每一种教育都不是孤立的，而是紧密联系在一起的，共同作用于学生，这才是真正的素质教育。

半个月前，我们第五小组一行五人到北京市朝阳师范学校附属小学挂职锻炼。在这半个月里，通过听、看、问、体验等方式，我们收获良多，我也把自己的感悟与该校的管理理念、学生发展水平等进行了比照，验证了我的想法。

朝阳师范附小力求使学生体会到阅读学习的快乐。而快乐是一个人重要的人生态度，我们不能因为学习而剥夺了学生的快乐，这就是朝师附小的文化核心。我们挂职所在的是寄宿部，位于太阳宫附近。和平里校本部的校园文化以文学为主题，经常组织音乐节等活动。种种活动很好地锻炼了学生的管理能力、组织能力、表达能力，增强了学生的爱心和自信心，这些教育就是融通的教育而非分立的教育。

总之，这次学习虽然只有短短的一个月，但在这一个月里，我却学到了许多过去学不到的、丰富的教育教学理论知识，看到了北京市多所名校的教育状况，这次的头脑风暴很完美。

充实、难忘的一天

——北京市朝阳师范学校附属小学挂职锻炼纪实

今天早上第一节课，我们挂职锻炼的一行五人跟着朝师附小的全体行政人员一起走进课堂，到四（4）班听课。刚走进教室，只见大背投上映着几个字：田忌赛马。我以为这是一节语文课。谁知，随着教师的导入我才知道，这是一节数学课。我不由感叹：开头很新颖！教师用《田忌赛马》的故事导入后，让学生分析田忌赛马赢了齐威王的原因，学生纷纷举手，阐明是孙膑用计谋帮助田忌赢了齐威王。接着，教师让学生扮演文中人物，重新体验了一回赛马的经历，并允许学生随时调整自己的策略，以取得赛马的胜利。学生纷纷举手，课堂气氛十分热烈，对知识有了一个初步的感知。由此，教师导入了一个数学概念——运筹学。运筹学就是如何选择最优策略，取得最好的效果。在学生基本懂得运筹学的道理后，教师又出示了几道运用运筹学的题目，用以锻炼学生的思维。最后，教师给学生留了一个数学游戏，让学生课后去玩，以复习刚才的运筹学知识。

接着，听课的全体行政人员在会议室集体评课，我们观摩学习了全过程。附小的两位副校长评课时谈到，学生的小组合作要在必要时才合作，不要为合作而合作；小组合作前给学生自主思考的时间不够，教师要耐心等待；小组合作的内容、形式有点滞后于学生的水平……朝师附小的齐校长谈到，本课的主题是"关于教学有效性的研究"，所以研究主题的落脚点一定要明确，即要明确：实效性教学的目标是什么？归根结底是要解决学生的问题；课堂设计的归宿点在哪？应该是放开学生的思维。所以在课堂设计上要给学生时间；在提问、合作等问题上，要放开学生的思维，让学生能想，同时也教给学生想的方法。齐校长还认为，要放开学生的思维，就要让学生把对的、错的观点都亮出来，这样学生就爱发言了。而且不要阻断学生的发言，教师表扬学生的发言不要以对错论英雄，而要肯定他的勇敢。他的观点正好与上星期我们理论学习时光明小学刘永胜校长倡导的学生应有质疑能力不谋而合。综合朝师附小校领导的评课，他们对课程改革的理解是正确的、深刻的，评课时畅所欲言，气氛平等热烈，真正达到了学校领导引领课堂教学的目的，这与朝师附小的办学思路"以文化引领方向，以改革推动发展，以特色提升品质"是一致的，值得我们借鉴。

评课结束后，朝师附小又召开了行政例会，主要内容包括理论学习、汇报工作、布置工作三部分。在理论学习阶段，他们学习了由一名行政人员推荐的文章《思想工作"技巧"谈》。文章的主要内容是：①处理冲突要冷静、谅解、关心、鼓励；②谈话要讲究艺术；③批评要夹在赞美中。朝师附小全体行政人员都谈了自己学习此文的心得，最后，齐校长总结发言。他从文章中抽出了三个词：改变、选择、冷静，并对这三个词进行了阐述。他说："冷静是干部能否成为一个真正的干部的基础。因为教师看干部，学生看教师。同时，学校行政人员要强化工作中的思想引领和文化评价。在做思想工作时，行政人员还要注意教师与教师之间的关系。干部说话要注意，不要掺合太多的个人感情因素。"齐校长的这些话都给我们以很好的启示。

全程参与朝师附小早上的行政活动后，下午，在朝师附小二楼的风雨操场，我们迎来了德国的科普作家马廷·策尔西，操场里坐满了附小3—6年级的全体学生，他们都提前买了马廷·策尔西的书并认真阅读，准备向作家提问。

这是朝师附小长期以来请名家进校园的活动之一。朝师附小的育人目标是"六个具有"，即让学生具有健康的身体、具有健康的心理、具有扎实的知识、具有广博的见识、具有学习的能力和具有发展的潜力，名家进校园就是培养朝师附小学生"具有广博的见识"的举措之一。经过马廷·策尔西的演讲，我们知道了他是德国的生物学家，在德国经常进行此类科学普及活动，他说他的任务就是使科学通俗易懂。马廷·策尔西演讲后，又和朝师附小的学生进行了互动。同学们提了许多有趣的问题，马廷·策尔西一一耐心给以解答。接着，他还为同学们做了几个实验。此次活动在同学们满意的笑容和开心的笑声中宣告结束，我们相信，这位科普作家的到来，一定会引起朝师附小学生对科学和写作的浓厚兴趣，引导他们向广阔的知识世界迈进。

这真是充实、难忘的一天。

创新是民族发展之魂

——北京市朝阳师范学校附属小学挂职锻炼心得

今天早上，我们挂职锻炼的一行五人再次跟着北京市朝阳师范附属小学（以下简称"朝师附小"）的全体行政人员一起去体验课堂、指导教学。我们先到六（7）班听了一节语文课，课文的课题是《军犬黑子》。课堂上，学生发言踊跃，气氛十分热烈。

接着，听课的全体行政人员及语文学科组教师在会议室集体评课，我们观摩学习了全过程。朝师附小的几位行政人员及教师进行了评课，他们既肯定了本节课教学的优点，也对教学存在的不足进行了全面、中肯的剖析，真正起到了学校领导引领课程改革和帮扶教师进步的作用。特别是齐振军校长的教学指导更是精彩。他说，本节课作为课题《如何培养学生的倾听能力》的实验课，应在研究学生的倾听上下功夫，应好好研究学生倾听的目标、倾听的对象等，应让学生在倾听时也达到三个维度，并对别人说的话给以补充。因为本篇课文是略读课文，因此教学时应该人文性强一些，用学到的方法直接学习课文，不应该再教方法，方法应在学习过程中体现。齐校长特别提到，教师应该准确把握对教材的理解，不能出现任何偏差，例如本篇课文的课题是《军犬黑子》，那么本文的主人公就是黑子而不是训导员，应让学生找出描写军犬黑子语言、动作、神态、外貌、心理的句子，而不是一遍一遍地体会描写训导员的语言、动作、神态等的句子。在本文中，训导员及其他人都应属于环境描写。从齐校长的评课里，我再一次深刻地体会到学校校长作为学校领航员的重要性。如果学校是一艘船，那么学校的校长就是领航员，他决定着船的方向，引领着船驶向幸福的港湾。朝师附小领导通过每周听课、评课真正达到了学校领导引领课堂教学的目的，这与朝师附小的办学思路"以文化引领方向，以改革推动发展，以特色提升品质"是一致的，值得我们好好学习。

评课结束后，朝师附小又召开了行政例会，主要内容包括理论学习、汇报工作、布置工作三部分。在理论学习阶段，他们学习了由学校党支部副书记穆英推荐的文章《六方面看四中全会亮点和贡献》。文章的主要内容是：①以新的理论境界建设马克思主义学习型政党；②以新的理念、新的思路推进党内民主建设；③坚持民主、公开、竞争、择优，创新选人、用人机制；④推进基层党组织工作创新，构建基层党建新格局；⑤以坚强党性为保证，改进和加强新时期党的作风建设；⑥推进制度创新，把反腐倡廉建设放在更加突出的位置。朝师附小全体行政人员都谈了自己学习此文的心得，其中给我留下深刻印象的是蒋国霞副校长的学习心得。她说："本文的六个方面里都有一个'新'字，这就告诉我们，任何工作都要创新，党建工作要创新，选人、用人机制要创新，我们的教学和教学管理工作也要创新。只有创新，才能不人云亦云；只有创新，才能发展得更快、更强。"确实，创新是一个民族发展的原动力，如果什么事情都因循守旧，不锐意创新，那么我们的世界就不是现在这个样子，电灯、飞机不会出现，电脑等高科技产品也不会出现，我们的世界也不可能实现网络地球村的梦想。因此，我们教育的最终目标应该是培养创新型人才，而这些则依靠我们广大的教师更新观念，致力于学生想象力、创造力的培养。到了那一天，我们的教育必将更加灿烂、更加辉煌！

繁重、优质、高效、责任

——深圳市宝安区教科培中心挂职心得

　　时间过得真快，转眼间，我们后备管理干部学习班的全体学员来到宝安区教育局及宝安区教科培中心挂职锻炼已经近一个月了。在这段时间里，我学到了许多，体会到了许多过去不曾了解的内容。

　　记得12月29日下午开会公布挂职地点时，教科培中心的领导就对我们提出了几条中肯的要求：①虚心学习；②定位准确，放平心态，克服困难；③态度谦虚，遵守规定；④严格遵守作息时间。我认为，这些嘱托是非常必要的，它教育我们要放平心态、戒骄戒躁、虚心学习。心态对一个人来说是非常重要的。做同样的事情，心态不一样结果就不一样，心态决定一切。因此，我时刻牢记领导的嘱咐，时时以学生的学习心态融入到科室的工作中去。我挂职的地点是教科培中心办公室。虽然办公室的办公条件有限，可办公室却是一个面对教科培中心全体员工的重要部门，工作非常繁杂，我也因此学到了更多，了解到一些工作的运作情况。我的体会可以用四个词语来概括，那就是繁重、优质、高效、责任。下面，我对这近一个月来的挂职做一个小结。

　　挂职之初，我一个人被分到了文印室帮忙，正值需要校对、印刷全区的各科考试卷和准备英语考试光盘和磁带之际，而且小学、初中和高中的试卷和光盘、磁带都要准备，因此我们几个挂职的同学利用几天时间帮忙录制了近万张英语光盘和磁带，并把它们按不同的学校分类装箱，还帮助印刷厂一起印刷了几万张试卷。在这个过程中，我不但了解到了学校里常用的各单元及期末考试试卷从何而来，也学到了不少实际操作知识。同时，我还给小贝提了一些建议，例如定做一些刻上不同年级的章，往光盘的纸套上盖，这样可以大大节约写年级的时间，提高工作效率。坐在文印室里，我感觉到文印室是一个面向全体员工的科室，真的很不容易。不管是哪一天，文印室都人来人往，用川流不息来形容一点也不夸张。有来领各种办公用品的，包括笔、公文纸、打印纸、信封、订书钉等；有来领纸巾、纸杯的；有来复印、打印及发传真的；有锁了办公室但忘记拿钥匙的。而且面对的是全中心的几十位同事，同时还有不少来电，可以说是千头万绪，但年纪轻轻的小贝却全能应付，而且乐此不疲，这不由让我佩服她充沛的精力、良好的心态和高度负责的工作态度。

让我佩服的人还有办公室的王老师和吴老师。王老师平时要撰写的文章很多，而且写得很有文采，这让我佩服她的才气。她的责任心更让我佩服。挂职期间，王老师先后交给我三份材料，叫我修改和撰写，一份是2009年教科培中心一周工作安排集的序言，一份是2009年教科培中心的每周行政例会的会议纪要序言，让我帮着修改，说要多些具体事例，少一些套话。这个要求促使我先认真学习中心一学期以来每一周的具体工作安排，还有中心每周的行政例会的会议纪要，从而对中心的各项工作及管理有了更具体、更深入的了解，不由慨叹中心工作的繁重，慨叹中心的领导真是"超人"（每天都安排7、8件事，连周末两天也都有安排）。在了解具体工作的基础上，我对一周工作序言和会议纪要序言进行了修改。首先是区别一周工作序言和会议纪要序言在性质上的不同，一周工作序言要如实体现中心工作的繁重和有序，而会议纪要序言则要如实体现中心领导层的高瞻远瞩和呕心沥血。我还补充了不少具体工作内容在里面，使两个序言更加血肉丰满、言而有物。最让我受益匪浅的是宝安区粤剧、京剧进校园调研报告的撰写。前几年，我就一直对我区的戏曲进校园很感兴趣，我认为这是提高学生综合素质的一个有效途径，特别是有一次在中国教育电视台看到潘主任接受记者的采访，听到他的发言，得知我区学生表演的戏曲在全国获大奖时，我对戏曲进校园就更有兴趣了。但因为我们学校暂时还没有参与这一项目，因此了解得不够。在翻阅了王老师给我的一大堆京剧、粤剧进校园的资料和13所京剧学校、7所粤剧学校的总结后，我初步了解了。在电话联系相关粤剧及京剧学校负责老师了解情况后，我对这一项目有了更深刻的了解，调研报告也能言之有物了。同时在报告的撰写过程中，也锻炼了我的文笔，写作水平得到了进一步的提升。在我们挂职期间，吴老师负责了几个区大型会议的会务准备工作，包括会议的文件资料的印刷、整理装订、装袋等工作，也包括全区培训工作会议、全区教科研工作会议等。挂职的第一个周六，全区第三届中学教师综合素质大赛举行，我们参加了大赛的考务工作，负责收试卷、装订试卷等，在考务工作中进一步了解了全区大赛的运作过程，视野得到了开阔。

对于办公室的聂细刚主任，我不但佩服他给我们作讲座时的才气和幽默，更佩服他对工作高度负责、亲历亲为的精神。我第一次与聂主任近距离接触是在2010年的1月7日。那天是整个深圳市2009年学校艺术教育工作的总结大会，我有幸被聂主任叫去准备会场和接待参会的各区教师。在会场的布置方面，他要求很高，精益求精；在酒店的安排方面，他灵活而富有原则性。有几次我去找他，都看到他在埋头修改厚厚的稿子，非常认真。

教科培中心的潘主任和蔡主任，他们的和蔼可亲、勤奋敬业让我肃然起敬。来到中心，我听到最多的就是潘主任不管哪一天都会来学校，不管哪一天他都是7点半就到办公室学习。我不由咋舌，他的毅力的确不是一般人能做到的。我想，就是因为他的以身作则，我们才看到了目前的这种景象：中心的同事都努力工作，很多人工作起来都是一路小跑。蔡主任也是，她谦逊的态度，对所有人一视同仁的和蔼。就在昨天，我看到司机帮她拿了资料过来，她一叠声地说"谢谢",着实让我感动。

　　这一个月的挂职锻炼虽然短暂,但对我的影响却是深远的。这段时间,让我对宝安区教育局的执行机构——宝安区教科培中心的工作有了更全面细致的了解,全局观念更强了,也必将促进我今后工作更努力。

赴广东省揭东县支教小结

  2009年12月22日至27日，按照宝安区教育局的安排，我们教育管理后备干部培训班第三小组一行12人赴广东省揭东县支教。

  支教虽然只有短短的六天，却让我受益匪浅，感触良多。

  我首先感叹于揭东经济的落后和民风的淳朴。在揭东的几天里，我们时时可以感受到揭东经济的落后，与深圳经济特区相比，揭东有许多条件是比不上的，例如街道的相对冷清、住房的简陋、衣食的简朴等。但是，揭东的民风淳朴得让人感动和感叹。我们在揭东的六天里，受到了揭东县教育局领导及接待我们的工作人员的热情接待。从县教育局的何局长到接待我们的基教股许股长、局团委书记林琳和办公室人员小林，他们不但热情地介绍揭东教育的过去、现状，还从生活上无微不至地关心我们，也使我们获取了许多揭东风土人情的知识。在我们到过的每一所学校里，看到的是学校领导及教师热情的笑脸和真挚的话语，还有学生纯净的眼神和灿烂的笑容。虽然揭东人民的生活条件相对差些，但每次接待我们的工作餐都丰富而精致，很有地方特色。在品尝地方美食的同时，我们感受到的是揭东人民的热情和独特的风土人情。在揭东的几天里，我进一步感受到揭东人民的吃苦耐劳、热情周到、淳朴敦厚等品质，获益匪浅。

第二辑 研修学习心得

其次，我感叹于揭东教育的清贫和揭东教育人对教育事业的热爱和坚守。每次在揭东上课、评课及做讲座，我们都能看见揭东教师们如饥似渴的眼神和专注的样子，他们的执着让我们感动。

到揭东的第二天，我上了一节小学语文课《蟋蟀的住宅》。虽然上课时我全神贯注，只关注着学生的学习情况，没有看后面听课的老师们，但课后回想起来，听课的老师们一直在专心地听课并记录，没有走动声和手机声，没有发出一点响动影响到学生的学习，这可以看出他们钻研教育教学技术的专注。从后来的评课中，也可以看出大部分教师的教育教学理念还是挺新的。他们对我上课的评价是：贴近新课标，以自主、合作、探究的学习方式学习，引导学生探索，培养学生思考，是一节开放性的课、一节灵动的课、一节生长的课。揭东县小学语文教研员认为，这一节课轻松、愉悦、民主，启发性强，教师教学语言幽默风趣、思路清晰、课堂调控能力强、灵活性高，教师的引导艺术打破了常规的课堂模式，学生的积极性高。看到自己的课能带给他们一些思考、一些启发，我感到特别高兴，也感到自己在平衡各地教育中应该继续发挥一些作用。在所有的听课、评课、讲座活动中，我都能看到揭东教师们专注的眼神和安静的倾听，这充分反映出他们是求知若渴的，值得我们好好学习。

我还感叹于揭东教育所取得的成绩。揭东是1992年建市的，现有中小学校296所，其中初中53所、小学226所，共有在校学生214023人，2007年开始教改。近几年来，揭东教育白手起家求发展，发生了巨大的变化。他们用自己辛勤的汗水和智慧取得了教育的大翻身，不但学生的高考成绩翻了一番，而且学生的综合素质也得到大幅度的提升，揭东教育取得了可喜的成绩。

最后，我感叹于揭东教育存在的一些问题。从这几天的接触及调查中，我感受到揭东的教师整体素质不差，学生更是聪明活泼、天真淳朴，例如我在揭东一小的上课中，经过引导，四年级的学生妙语连珠、思维敏捷。但是，由于一部分教师的教育教学观念还比较滞后，教学方法相对简单，因此束缚了学生的思维发展和能力的培养，让人惋惜。

以上就是我到揭东支教六天来的一些心得，请大家批评指正。

诗歌、散文、随笔

读书就有力量

有一种相思叫渴望，

有一种生机像太阳，

有一种东西是财富，

有一种深情如亲人！

每当你孤独的时候，

她悄无声息、无偿地陪伴你！

每当你彷徨的时候，

她呵爱有加引导你！

她是宽广无私的大河，

任你吸吮甘甜的营养，

保护你从一棵稚嫩的幼苗长成参天栋梁；

她是清纯如甘的清泉，

洗濯你愚昧无知的迷惘，

伴随你从脆弱无助到无比坚强！

这就是读书，
读书是时代的召唤；
我们热爱读书，
因为知识就是力量！

历史告诉我们，
愚昧落后就要被动挨打；
今天的发展证明，
科学进步才能挺起民族的脊梁！

我们引以为自豪，
中华民族文化灿烂、源远流长！
我们奋发向上，
高举旗帜，迎着朝阳，
徜徉在科学的春天里流连忘返，
翱翔在知识的海洋里乘风破浪！

让我们像蜜蜂采蜜一样吸取知识花园的营养，
如饥似渴，相约在文化盛宴上吃得淋漓酣畅！
书籍是人类进步的阶梯，
热爱读书，提高素质！

尊重知识，尊重人才，
我们民族的伟大复兴充满希望！
信息时代日新月异，世界潮流浩浩荡荡，
我们的祖国从此走上繁荣富强！

鹏城的英雄儿女，改革开放的排头兵，

今天更要不断充电，百炼成钢！

呵，读书、读书，

您是我一生取之不尽、用之不竭的宝藏！

呵，鹏城、鹏城，

您的儿女用知识武装，用勤劳的双手全力打造一座现代化国际大都市，

您的风采必将更加灿烂辉煌！

母亲之歌

母亲是那个十月怀胎给了你生命的人

母亲是那个自从你降生到世界就对你牵肠挂肚的人

母亲是那个不管你犯了多大错误都会毫不犹豫原谅你的人

母亲是那个一段时间不见你就非常难受的人

母亲是那个由于工作忙、孩子多

不得不把你寄养在亲戚家而不断奔波看望的人

母亲是那个当你因为久未见到她不认识她而把她喊成"大辫子阿姨"

伤心落泪的人

母亲是那个在你中考、高考前紧张得要命，但嘴上却不停安慰你的人

母亲是那个准备勒紧裤腰带让你复读个七、八年考上一个理想大学的人

母亲是那个在你远离家门上大学时不辞万里去看望你的人

母亲是那个为了你的高额学费向同事、朋友借钱而自己却要啃好长一段

时间萝卜白菜的人

第三辑 诗歌、散文、随笔

母亲是那个发愁你高中毕业后没有出路而差点愁白了头发的人

母亲是那个为了你高中毕业后能当上兵费尽心力的人

母亲是那个在你当兵前为了让你顺利通过体检让你不停练习的人

母亲是那个送别你时依依不舍、泪水涟涟的人

母亲是那个在你离家当兵仅一个月就迫不及待去看望你的人

母亲是那个只要见到有人出差就求人给你带东西的人

母亲是那个看到你展示当兵的成果就喜悦万分的人

母亲是那个希望你不断追求进步的人

母亲是那个没有你的音讯就茶饭不思的人

母亲是那个辗转千里去看望你的人

母亲是那个为了你不惜一掷千金的人

母亲是那个不管你如何不懂事仍旧能宽容你、关心你的人

母亲是那个只要你一个电话就赶紧坐车赶去帮你照看孩子的人

母亲是那个虽然筋疲力尽仍然撑着为你准备晚饭的人

母亲是那个年届古稀仍然不想增加子女负担的人

母亲是那个总拒绝你的财物为的是让你能过上更好生活的人

母亲是那个从小对你关怀备至

即使你变成了一个老人也把你当成一个不懂事的孩子的人

母亲是那个自己吃着好的就总是惦记你有没有吃，每逢天气转冷就担心

你穿得够不够的人

母亲是那个盼望你节假日去看她，每逢你看望就精神焕发的人

总之

母亲的代名词是无私

母亲的代名词是牺牲

愿我们都孝顺母亲

走进井冈山

也许是学习历史时多次听到"井冈山"这一名称，也许是仰慕伟人毛泽东，爱屋及乌的原因，一直以来，江西的井冈山都是我神往的地方。2008年的暑假，我的这一愿望终于得以实现。

开着车缓缓进入井冈山时，我惊异于它满眼的绿色。只见那么大的一座山上居然到处都是翠绿的竹子和树，郁郁葱葱的活力，令人叹为观止！虽然我到过不少地方旅游，但像这种超乎我想象的旅游胜地却是第一次遇见。我一直以为，井冈山只是因为毛主席而闻名；我一直以为，井冈山只是一座山上长着稀疏的、翠绿的竹子的高山；我一直以为，井冈山最著称的是"革命圣地"的红色，却绝没有想到它的绿色也是如此的浓。走到快到山顶的地方，朱德总司令题写的"天下第一山"的字样赫然可见，在夕阳的照射下闪闪发光。"天下第一山"果然名不虚传！

经过一天认真的瞻仰和观光，井冈山以它丰富的人文景观和秀丽的自然景观彻底把我征服。从井冈山的中心地带茨坪去毛主席居住过的八角楼的路上，我们经过了一个小时的车程，而这一个小时是令人难忘的。由于受台风"凤凰"的影响，这一路上，山间云雾缭绕，恍若仙境。望着周围的云雾，耳边响起导游对历史事件的描述、对历史人物的剖析，恍惚间似乎自己也来到了那个复杂的革命战争年代，体验了革命战争时期革命者们在井冈山度过的艰苦而又意义重大的岁月，仿佛也经历了一次血与火的考验。

在离茨坪中心区一小时路程之遥的八角楼上，我们看到了毛主席当年居住过的地方：一张简易的床、一张桌子、一张椅子、两顶斗笠，仅此而已。原来，如此简易的条件下也可以产生那么丰富的灵感，如此昏暗的煤油灯下也可以创作出那么伟大的著作！在导游的介绍中，我们仿佛看到了毛主席是如何用自己的智慧和胆识战胜了一个又一个困难，对这位世纪伟人的敬佩之情再度油然而生。在八角楼前，有一棵大树嵌在一块大石之中，这是毛主席当年读书、学习的地方。

在红军当年的造币厂里，我们看到了红军的智慧、红军的勇气。在毛主席的故居中，我们赞叹于两棵"讲感情的树"。据说，毛主席在井冈山居住期间，经常在这两棵树下读书、看红军操练。后来，这两棵树于新中国成立后毛主席再次回到井冈山时提前开花，于1976年毛主席去世时长满了虫子……我们的心情也在导游的述说中起起落落。在五指峰，我们惊叹大自然的鬼斧天工。

据说在井冈山旅游有三洗：洗脑、洗胃、洗肺。洗脑即听到许多革命故事，从而进一步洗涤自己的大脑，进一步树立革命信念；洗胃即用山中的野菜、土特产等绿色食品洗去肚中的油腻和浑浊，使肠胃更加健康；洗肺即用山中的新鲜空气清洗五肺六腑，使人神清气爽。我这次的井冈山之行确实好好地给自己洗了脑、洗了胃、洗了肺，尤其是洗脑，给我留下了终生难忘的回忆……

科学——隐形的翅膀

　　2010年12月15日，恰逢深圳受北方冷空气影响、气温急剧下降之日，我作为全校功能室部门的负责人，有幸参加了深圳市宝安区学校实验室管理员培训班。在一天半的学习时间里，我的头脑受到了一次次冲击，视野进一步得到了开阔。这些收获得益于宝安区教育局领导及教育局设备中心领导的高瞻远瞩和精心组织安排。通过学习，我进一步认识到科学在小学教育教学工作中的重要性，坚定了为小学科学教育事业添砖加瓦的决心。尽管当时的学习地点——海上田园寒风刺骨，我的心却是暖暖的。

　　培训伊始，在一个简单的开班仪式后，我们听取了滨海小学、海湾中学、松岗中学等3所学校的实验室管理经验交流。这3所学校的实验室管理各有特色，其中给我留下深刻印象的是滨海小学对科学这门学科的高度重视。在共有19个班的一所学校，却配备了包括物理、生物等教师在内的4名专职科学教师，这体现出学校领导对科学的高度重视，他们不因科学不是考试的主科而忽略它，也不因科学在小学阶段体现不出重要性而轻视它。其实，科学在一个人的发展中起着非常重要的作用，它可以启迪学生的智慧，给学生插上想象的翅膀，带他们飞向理想的彼岸。

　　古今中外，有多少科学家为了坚持真理而献身，又有多少科学家为人类生活做出了巨大贡献、带来了便利。例如张衡、毕昇、李四光、袁隆平、诺贝尔、居里夫人、哥白尼等，正是因为他们，我们今天的生活才更加便利。张衡发明了世界上最早的水力转动的浑天仪和测定地震的候风地动仪，他还第一次正确地解释了月蚀形成的原因，认为月光是日光的反照，月蚀是由于月球进入地影而产生的。他依据当时的天文学知识，肯定了宇宙的物质性和无限性。张衡把中国古代自然科学和哲学推向了一个新的高度。毕昇发明了活字印刷术。居里夫人发现了镭。不论哪一位大科学家，都曾是小科学迷。只有小时候是一个小科学迷，长大后才可能爱科学、学科学、用科学，对祖国的科学事业做出大的贡献。

所以，我们基础教育阶段的科学学习也就显得格外重要。我们呼吁：让所有的中小学都更加重视科学学科的教育教学吧！

野生动物园那一抹绚丽的余晖

——深圳建设中国特色社会主义先行示范工会之我见

那一天，夕阳西下，映着绚丽的余晖，我和闺蜜心满意足地离开了深圳市野生动物园，将动物园里有趣的动物们和优美的景色永留心间。这是我两年内第二次抽中深圳市野生动物园的两张免费票，活动由深圳市总工会主办。

还记得2018年11月首次收到通知信息，说我抽中了深圳市野生动物园的两张免费票时，我还特意发了朋友圈咨询，结果有朋友说这是真的，他们也曾经被抽中过。那一刻，感觉天上有馅饼砸中了我，幸福感爆棚。

时光如梭，岁月如箭，时间转眼到了2019年，深圳再次迎来了新的发展机遇。2019年7月，习近平总书记主持召开中央全面深化改革委员会第九次会议，审议通过了《关于支持深圳建设中国特色社会主义先行示范区》的意见。会议强调，支持深圳建设中国特色社会主义先行示范区，要牢记党中央创办经济特区的战略意图，坚定不移走中国特色社会主义道路，坚持改革开放，践行高质量发展要求，深入实施创新驱动发展战略，抓住粤港澳大湾区建设的重要机遇，努力创建社会主义现代化国家的城市范例。2019年8月9日，《关于支持深圳建设中国特色社会主义先行示范区的意见》正式印发，18日对外公布。

《关于支持深圳建设中国特色社会主义先行示范区的意见》的公布，标志着深圳市又将再一次站上历史发展的潮头，成为时代发展的尖兵。《经济学人》杂志曾刊文认为，全世界超过4000个经济特区，头号成功典范莫过于深圳。2019年8月，深圳成为中国特色社会主义先行示范区，必将再一次创造辉煌！

我们知道，《中华人民共和国工会法》是2001年10月最新修改的，它是在中国顺利跨入新世纪，中国政治、经济和社会状况都发生了巨大的、深刻的变化，建立和建设社会主义市场经济体制的新形势下颁布的。它适应了建立社会主义市场经济体制发展的要求，有利于充分发挥工会作为党和政府联系职工群众的桥梁纽带作用，对建立稳定和谐的劳动关系、稳定大局，具有十分重要的意义。新《工会法》体现了工人阶级的主人翁地位，规定"中华全国总工会及其各级工会代表职工的利益，依法维护职工的合法权益"。

那么，作为中国特色社会主义先行示范区的深圳工会组织，能做出哪些贡献呢？依法维护职工合法权益是工会的基本职责，而深圳特区的特殊性，决定了深圳这座城市有别于中国其他城市的许多特点。例如深圳外来工数量巨大，工厂和公司特别多，导致劳动纠纷案件也比较多，这都给深圳工会的工作带来了许多挑战。

我认为要解决以上问题，需要在以下方面进行努力：一是在加强宣传教育上下功夫。提高员工对于工会工作的了解，对工会工作更加的信任和尊重，使工会真正成为员工的"娘家人"；使全体员工认识到基层工会工作是促进单位又快又好发展的现实需求，是服务广大职工、维护社会稳定的重要举措。二是在工会的建章立制、确保工会作用的充分发挥上下功夫。要建立党组定期听取工会工作情况汇报制度，及时研究解决工会工作遇到的问题。建立健全行政与工会主席联席会议制度，对职工关心的问题、难点问题等召开联席会议予以解决。三是加强工会自身建设，加强工会人员的培训。四是从政府层面，对工会组织赋予更多的权利和监督功能，让其独立出来，使工会真正成为能为职工谋福利的独立部门。五是从政府层面，对工会经费另外拨付，这样能使工会各

第三辑 诗歌、散文、随笔

级负责人更有经费的自主权，提高工会活动的质量和数量。

深圳正在建设中国特色社会主义先行示范区，作为深圳市工会，建设中国特色社会主义先行示范工会也成为一个光荣而艰巨的任务。我认为，深圳建设中国特色社会主义先行示范工会的目标任务应该是：①进一步提高政治敏感性，以习近平新时代中国特色社会主义思想为指导，朝着工会工作的正确政治方向前行。②切实发挥特区工会的示范引领作用，做全省最优、全国领先的工会尖兵。主要体现在为全市职工发挥主力军作用搭建更大的舞台；加快产业工人队伍建设改革，为深圳建设高质量发展提供强大的人才支撑。③坚持以职工为中心，竭诚服务职工，做好帮扶、送温暖等工作，切实维护职工合法权益。

要切实做好如上工作，深圳市政府如果能赋予深圳市各级工会以更大的自主权、监督权就更好操作，类似于各单位监督部门独立于各部门之外一样。如果各单位工会组织也能独立于各部门之外，则会更好地开展工作，更好地为单位职工服务，确保职工的合法权益。

2007年至2017年间，我在深圳市宝安区塘头小学（现改名为深圳市宝安中学集团塘头学校）担任教学处副主任，其间经过投票选举，我同时兼任塘头小学工会副主席一职，主要负责主持学校的工会工作。在学校两任校长杨君辉、陈伟校长的重视和指导下，塘头小学的工会工作开展得有声有色，全体教师的幸福感很强，凝聚力和向心力空前高涨。我主要进行了如下探索：

（1）每个月至少组织一次工会活动，种类丰富多样，包括体育比赛、知识竞赛、外出的集体阅读活动和旅游活动等。活动设置奖品，活动后在校聚餐，进一步提高教师的积极性和热情。

（2）定期举行学校工会征文活动，提高教师的写作热情和写作水平。

（3）积极组织教师进行相关理论知识的学习。

（4）设置工会书屋，组织教师积极选购图书。

通过以上工会工作，塘头小学的全体教职工工作热情高涨，工作积极性大幅度提高，达到了工会工作的预期效果。部分教职工因工作调动离开塘头小学后，最津津乐道的就是学校的工会活动，说这些活动给他们留下了深刻印象，是宝贵的回忆。

总而言之，工会活动应该是缓解职工工作辛劳的一缕清风，工会部门也是得到职工充分信任的"娘家人"，是为职工争取合法权益的部门。

我相信，在深圳市政府的高度重视下，在深圳市工会的责任担当和高度负责下，那抹余晖必将变成满天灿烂的晚霞，深圳市工会的工作必将迎来更绚丽的春天，得到大踏步的发展！

深圳市2019年芒草节掠影

接到深圳市一名80后美女教师的邀请，说有这个活动，一看这些活动说明，我就被深深吸引。复古车展、复古市集、菲林复古文化街区、复古骑行、复古舞会……对于我们这些八十年代以前出生的人来说，颇具吸引力。另外，还有一些艺术的情愫。虽然我不从事艺术工作，但是感觉自己骨子里总跟艺术有缘。是因为在幼儿园时期跟班里老师学了三年舞蹈，还是因为有部队基因的遗传，小学期间跟另外三个女同学天天在学校里的双杠上翻来翻去？这就是所谓的体艺不分家吧。

我们相约在周末的中午，一起去观展。为了配合复古的主题，我们决定换上旗袍，把拍照道具准备齐全。

来到了芒草节现场，在门口等朋友接，扑面而来的是一股新鲜的艺术气息。许许多多的潮人走过来，从发型到服装、鞋子，他们的打扮那么与众不同，如果放在大街上，也算得上奇装异服了。他们三三两两地聚在门口谈天说地，或许是忙得许久没聚了吧？趁着这次盛会，借机叙叙旧；或许是在谈论这次复古展的新鲜话题：谁的复古车在这次展出了？接下来的潮流又会借着哪一股复古的风潮呢？有时候，社会的发展就是这么有意思：复古即潮流。

我跟着朋友进入现场，映入眼帘的景象让人恍如隔世，仿佛来到了旧上海的十里洋场，创意无限。旧弄堂里有许许多多旧物品，旧报纸、旧画册摆在桌上供人回味，让人仿佛进入七八十年代的弄堂。

创意社区的一个摊位吸引了我们的注意：几个信三郎帆布袋和几个玩偶。这种帆布袋在以前很常见，是粗帆布做的，相当结实，现在却难得一见。走上前询问价钱，心里盘算着如果一百多就买一个留念，谁知竟然要500多元一个，感觉挺贵。活动结束后仔细想想，时间无价，应该买一个作为本次活动的纪念。

走着走着，档案仓映入眼帘。许许多多的复古服装挂在未经一点装饰的墙上，显得那么的古朴、自然。自从数十年以前装修进入我们的生活，我们的房子就发生了天翻地覆的变化：凡新居必装修，不装修都不好意思告诉别人自己购置了新居，似乎新房必须有这些繁文缛节的复杂装修过后才能称之为新居。其实很多时候，本真是最好的，并且本真很环保、无污染。

复古饰品摆满了摊档，银项链、银手链、银饰品诉说着古老的故事，仿佛在告诉我们，岁月后面的沧桑巨变。

可口可乐的大瓶盖挂在未经装修的、斑斑驳驳的墙上，很有年代感，让人一下就想起了六七十年代的景象。辅以古旧的沙发、石台、扩音喇叭、收音机、冰柜、复古鱼雷等，让人仿佛穿越了时空隧道，来到了几十年前的年代。艺术家的想象力、创造力果然是无穷的，简简单单的物品就能营造出让人无尽想象的空间。老旧皮鞋和古董单车，让人想起曾经骑车上学、上班的情景。

复古音乐会开场了！在飞扬的灯光下，音乐会的主持人站在阶梯上，歌唱着、呐喊着，极力煽动着大家的热情。许许多多人聚在阶梯前，应和着主持人的热情，也宣泄着自己对于生活的理解、热爱和激情，把自己的劳累、倦怠悉数释放。

真的勇士，敢于直面淋漓的鲜血，敢于面对惨淡的人生。没有谁的生活是容易的。岁月静好，是因为有人在代替我们负重前行。复古的同时，不忘加上爱国元素。一曲《我和我的祖国》，引来大家的应和和喝彩。没有祖国，哪

第三辑 诗歌、散文、随笔

来小家，这是不争的事实。

复古车展是重头戏。不时出现的复古车引来我们的专注目光，也是大家争相拍照的焦点。众多年轻人穿着一袭复古服饰，在复古车前摆个姿势，竞相展示自己的青春活力。

复古车中有好几个牌子：红旗牌轿车、老爷车、MINI三门版、UK9992、RAUH-Welt……有的是私人收藏，有的是机构收藏，如深圳市老爷车收藏协会等。每部车都闪耀着光芒，光芒在车身上，更在我们心里，这是时间所赋予它们的独特魅力。

一款红旗牌轿车前站了两个穿六七十年代军装的人，我们好奇地上前打听，以为这里提供穿戴军装拍照服务。一问才知，这是人家的参展服装，并没有租借服装拍照业务。我个人认为，下次可以加上这一项，也满足一下人们在游玩时想体验的心理。

珍珠项链、古玩琳琅满目，熠熠生辉。钱包、杯垫、钥匙扣等，本是非常普通的物品，因为是真皮手工制作，增加了它们的收藏价值和使用价值。人工，理应是最贵的。古玩摊旁有饮料摊，重点出售复古可口可乐。富有年代感的可口可乐玻璃瓶，让人一下就想起了儿童时代。任何事情染上怀旧的色彩，总是那么与众不同。

信步来到了玩乐控小屋。金黄色的流苏整面墙都是，流光溢彩，分外诱人。我们禁不住站在金黄色流苏旁留了好多影，不管是不是倩影，自己看着赏心悦目就行。做自己，说着容易，做着困难，毕竟处于大千世界，能顺着自己的想法和个性活出自己的人，必定是生活的强者。

站在高高的台上往下望，只见到五光十色的光带下，熙熙攘攘的人群，保持自己的本真，做生活中的一股清流，这个世界多么美好！

光怪陆离的灯光下，复古留声机里播放着老歌曲，复古光碟摆满整个光碟架，让人想起了大上海的歌厅。花花世界，需让自己清醒，不致迷失在靡靡之音里。

坦克展台上放了两部坦克。虽然是仿制，但是逼真异常。让人不由想起烽火连天的战争岁月。生活在和平年代，是人民的幸运，亦应该是这个世界的终极目标。

　　由于买票种类的限制，我们没有去迪斯科博物馆和复古时光展。留一些遗憾，等下次来感受。人生从来没有完美，留白也是生活最好的艺术。

屠呦呦的启示（一）

2015年11月中下旬，我有幸参加了宝安区教育局组织的家庭教育专题高端研修班为期一周的学习。学习地点设在百年老校浙江大学，位于风光秀丽的浙江省杭州市。这次学习，是我参加的第一次关于家庭教育的培训。

由于今年暑假已经去杭州周边深度旅游过，所以我对西湖并没有太多的期待。反而是家庭教育这个主题，让我十分好奇。我担任了宝安区两届六年的家庭教育讲师团兼职讲师，虽然也参加过区里组织的家长咨询活动，为家长免费咨询，但是在为家长咨询时，运用的大多是自己积累下来的学校教育教学经验、自己育儿的实践经验以及兴趣所致而自学的一些育儿知识，从没参加过此类专题培训，感觉到自己家庭教育理论知识的储备不够，急需充电。

这次学习后的体会是："不虚此行。我可以有一些新的东西给前来咨询的家长、给自己班里的家长和学生、给自己的孩子了。"下面，我力图描绘出自己最深刻的感受和体会，来传递给大家。近段时间以来，总在我脑海中浮现的有以下几个场景。

场景一：

在第一天的开班仪式上，有这么一段话让我动容："我们的职业无比神圣。我们点滴意识的改变，可能就足以改变成千上万个孩子的一生。"是啊，教师这个职业，虽然清苦，虽然繁忙，但是却和医生一样重要，甚至比医生还重要。医生在某种程度上主宰着人的身体健康，教师却在某种程度上主宰着人的心理健康，可以为某些受伤的心灵带来希望和方向。我国近代伟大的思想家、文学家、革命家鲁迅，最终也是弃医从文，想要依靠文章来唤醒当时好多已经麻木的民众。

想想身边的例子，有很多学生是因为喜欢一位老师而爱上某个学科的学习。亲其师而信其道，我们教师的一言一行极为重要。

场景二：

在资深家庭教育专家、著名教育信息化专家陈国云的课堂上，有一段一只豹子追赶一头羚羊的视频，耳边听着老师的解说"那头羚羊就是可怜的孩子"，我禁不住泪流满面。

我们来看看科学家屠呦呦的例子。屠呦呦教授出生于1930年，她在85岁时荣获了诺贝尔医学奖，这是中国医学界首次获得世界影响力最大的科学奖项——诺贝尔奖，实现了中国科技界零的突破。但是据家乡人回忆，她在中学读书时，"成绩也在中上游，但是并不拔尖"，只是她有个特点，只要她喜欢的事情，就会努力去做。她的成就，得益于她一辈子对于科学坚持不懈的追求。屠呦呦教授不但实现了生命的长度，还达到了生命的宽度，值得我们每个人学习。

所以，人生是一场马拉松，谁笑到最后还未可知，对孩子的教育可以慢一点儿、悠着点儿。"十年树木，百年树人。"教育是一门慢功夫，不能急功近利，唯有慢慢熏陶、渐渐感化，才能看到效果。先开花的都开了，没开花的，说不定将来是一棵参天大树。

从浙大学习回来后，在面对学生时，我有了更多的耐心和等待。在学生家长QQ群里，我把学习的课件和学习心得分享给他们，希望他们也能得到更大的改进。在学校举行的家庭教育宣传周暨家长咨询活动中，我把最新学到的理念结合实践，给家长们支招。咨询后的第二天，我就收到了好几位家长发来的好消息。一位家长说："老师，我回家把今天您和我说的跟孩子说了，他很开心，答应去报小主持人了。换个方法和他谈，效果明显不同，竟然还答应我圣诞节那天陪我上台跳舞！真心谢谢您！"另一位家长说："非常感谢老师今天帮忙答疑解惑，通过跟您的交谈，我也认识到自身存在的不足，其实孩子身上反映的问题往往都是家长的问题。后续在家庭教育中，我会多改善自身，同时也会注意方式方法，培养她的耐心、主动表达、不急不躁，再次感谢！"

我跟当时读高一的儿子的沟通也不再只限于"作业做了吗、上课听得懂吗"。正如他所说："你每次跟我说话，都是先问我作业做了没有，都是先讲学习，再讲其他。我在学校已经够累了，在我回家时，能让我休息一下吗？"我也在反省，自己太短视了。其实，考上名牌大学，如果不努力进取，一样是平庸的人生。即使上的是非常普通的大学，只要一直努力，只要有韧劲，一样会有成就。所以，我要开始学会不着急，不要只盯着眼前的那点分数。

正如张绪培先生所说："人生是长跑，更需要的是毅力。国际上一般认为，大学才是起跑线。其实学习时间并不是越长越好，要给孩子足够的时间和空间，他才会有自己的思考。让孩子有时间、有空间，孩子才能学会安排时间。"张绪培先生又剖析了"第十名现象"，即科学家研究发现，很多杰出人才都是班里的第十名左右，而第十名是教师、家长最不操心、管得最少的，也是自己的自由时间最多的。这说明，无论在小学、初中还是高中阶段，都应该给孩子留出自己的时间，让他做点儿自己的事，做些自己的思考。

屠呦呦的启示（二）

宝安区教育局家庭教育专题高端研修班学习进行中。

场景一：

在国家督学、原浙江省教育厅副厅长张绪培先生的课堂上，大家如饥似渴、全神贯注地在倾听他的讲座，听他剖析目前中国教育的现状，听他讲解国家的教育政策以及他对教育的理解。可能由于担任过浙江省教育厅副厅长，张绪培先生看教育所站的高度的确与常人不一样。

他认为，现在中国教育对"教育公平"有误读。很多人认为，把不一样的人培养成一个样就是教育公平，这是错误的。因为社会需求是多样的，不能一概而论。他说："中国的传统教育是为了培养精英，其他人都是陪读。而现代教育应该为每一个人的发展提供适合的教育，即应该办不一样的学校来培养不一样的人才。"他认为，教育要教会孩子：自己能干什么、适合干什么、准备干什么。全世界公认的人生的起跑线在大学，而大学之前，是让孩子了解自己、认识自己。

张绪培先生认为，要实事求是地要求孩子，让他做最好的自己。让孩子把家庭当作自己最温馨、最安全的港湾。作业在于做得精，在于做得有质量，而不在于多。要教会孩子好的思维习惯：辩证、多元、不走极端等。如果不让

第三辑 诗歌、散文、随笔

孩子决定任何事情，那么孩子永远不会有责任感；如果帮孩子决定升学、专业等大事，则孩子大学毕业后容易啃老。文凭时代即将过去，孩子的终身财富是健康、能力、人品。帮助从来都是双向的，帮助别人的人，自己也一定有收获。

场景二：

还记得在杭州师范大学任为新教授的课堂上，他的《多媒体时代家庭教育文化思考》给我们带来的冲击。他结合中外经典电影版本，详细地解说了电影中的美学。并以数十部电影片断为例，说明只要选择好、利用好，电影也有教育意义。

他以电影《英雄》为例，说明电影中蕴含的文化内涵，说明只有家长、教师的素质全面提高了，才能看得懂有内涵的电影，才能谈得上指导孩子。这让我深深认识到：自己的知识太贫乏，急需学习。也应了那句话："学，然后知不足。"

场景三：

浙派名师名校长、特级教师邱向理的讲座，如春风化雨，为我们驱走了家庭教育中的迷雾。她指出，只要家长的素质得到全面提高、理念更新，那么策略和方法可以各显神通。这再次说明了一个基本原则：家长应首先热爱学习，以身作则。她提出了家庭教育的三大原则：民主不失家规、陪伴不失观察、顺应不失引导。

场景四：

杭州市教育局家长学校讲师团团长、杭州市教育科学研究所研究员干亚莉老师，以朴实的语言讲述了儿童、青少年的一些身心发展依据。

她指出，青春期孩子爱睡懒觉、晚上爱熬夜，这并不是他们的习惯不好，而是他们大脑中的褪黑素分泌旺盛，他们往往要到半夜一点才会犯困。她还举例说明了家族遗传的重要性。据脑科学研究，身处逆境却坚忍不拔、自强不息的人的大脑中发现了某些遗传基因。所以，我们不能一味地埋怨孩子，而应该从自身找原因，提高自身的综合素质。

干老师还举例说明了家长作为榜样的重要性。她说："你希望自己的孩子成为一个什么样的人，你就要首先成为一个什么样的人。因为，孩子会有样学样，榜样的力量是无穷的。"

……

太多的场景让我铭记，太多的体会会一直改变着我，让我在工作和生活中慢慢内化。

给孩子更多的幸福感，有意识地培养他们的自主性和选择能力，迫在眉睫。

孩子，是每个父母心中最柔软的一块地方。无论多忙、多累，父母的心永远牵挂着孩子。再调皮的孩子，他（她）也是父母心中永远的宝贝。所以，作为教师，我们要将心比心。如果能时刻想到这一点，就一定会多了很多耐心来等待，也一定会收获幸福的教育人生。为了家长、学生和自己的孩子，我们都需要加倍学习、快速成长！

谨以此文共勉。

中考时节，栀子花开

一

昨天是夏至，眼看就要迈进热情洋溢的夏天了。中考也伴随着栀子花开的香气悄悄来临，今天是2019年中考的第一天。

二

虽然儿子的中考已经过去了四年，但是我仍然记忆犹新。那种奋斗中夹杂着煎熬的感觉，不亚于高考，甚至比高考更甚。因为，初三以来的每次家长会，都能听到老师们苦口婆心地教导："我们这个城市的中考率不到百分之五十，也就是说，中考后能进入我们这个城市公办高中的学生不到百分之五十，其他学生会被分流到职业高中、私立高中，考得再差一些的，连私立高中都没得上。""就深圳市的现状来说，因为公立高中的学校数量相对较少，所以深圳高考的升学率都比中考升学率高。只要进入了我们市的公立高中，高考即使上不了一本、二本，上一个大专院校也是好的，毕竟也属于高等教育嘛。""如果孩子高中毕业没考上大学，还可以去打工，因为孩子已成年。可是，如果孩子中考以后没书读，你们自己想后果。"……好吧，加油，加油，再加油！

三

或许是老师们苦口婆心的教育起作用了，还有自己对未来人生的思考、同学们的紧张复习状态、家长的期盼等，初一和初二时特别贪玩、不用功的儿子对中考这一人生的第一次大考给予了足够的重视。他每天白天上课，晚上奔波于各大复习机构之间，周末也不例外，斗志满满。

至今回想起来，我对他在中考备考期间的努力程度是满意的。他对中考的重视程度甚至超过了高考。

四

整个初三期间，不仅需要孩子努力，需要家长们操心的事情也接二连三：体育中考、英语听力考试、中考报志愿等。在紧张忙碌的同时，我感觉自己还神经兮兮的，经常莫名其妙地感到焦虑，似乎我的种种焦虑可以帮他更顺利地通过中考。其实近两年学习的心理学告诉我，母亲的焦虑会在无意间传递给孩子，让他们不能静下心来好好学习，家长送给孩子的最好的礼物就是平静的心境，这是后话。当时为了更好地了解中考动态，为孩子提供更新的资讯，我还加入了好几个中考家长群，每天晚上不厌其烦地在群里翻看，扒出一些有价值的资讯，储存起来备用。中考期间发生了许多故事，让我印象深刻的有那么几个。

第三辑　诗歌、散文、随笔

五

体育中考事件。

听中考家长群里的家长说，可以提前几周到附近的大学体育场模拟体育中考项目，并且有热心家长邀请了体育专业人员去帮忙测试和提高。我赶紧把这个好消息告诉了孩子，他不以为然。他认为自己的短跑项目在班里已经是少有的几个满分之一，而且体育一直是他的热爱和强项，无须再花钱去加强。平时他就是一个比较节俭的孩子，我给他买500元以上的名牌鞋，他会说太贵、不值得……固执又有点不甘心的我，对孩子说："如果你这次周末不去练，那你要保证体育中考满分。"孩子说"好"，这才摆脱了我的啰嗦。事后想起来，我那时是多么的愚蠢和无知，在那么紧张的时刻，理应为孩子打气，而不是施加压力，徒增他的心理负担。

果不其然，在他保证完的下一周，有一天下午，孩子放学回到家，悲哀地告诉我："今天体育课上，练习短跑时，我把腰扭伤了。"天啊！在这么关键的时刻，怎么出了这种娄子！但是看着他接近绝望的眼神，我只能安慰他："没事没事，我带你去看医生，会很快好的。"于是带他遍访名医：公立医院的、私立医院的、自己开诊所的。在亲人、朋友、同事和几个群友的帮助下，终于联系到一个口碑比较好的老中医，于是果断带他去。每天晚上去按摩、上药等，备考的节奏慢了下来，成绩受到了一些影响。

坚持不懈的治疗，终于有了还算满意的结果，腰伤基本康复，但是仍然会对体育中考有轻微影响。老中医叮嘱：体育中考时不要拼尽全力，尽力而为就好。

体育中考终于结束，孩子不是满分。但是对于这个结果，我也算满意了，毕竟孩子和我都在努力，我们共同熬过了体育中考。

六

旗袍打气事件。

听群里的家长说，孩子中考这几天，妈妈要穿旗袍给孩子打气，代表"旗开得胜"。于是，我专门去旗袍店挑选，买了两件旗袍，准备在中考的那几天穿。

中考终于来了！我早早起床，穿上了新旗袍，让孩子吃完早饭，把他送去学校，心里不停地祈祷着。

现在想起旗袍一事，有点可笑，但是作为中考孩子的家长，已经管不了什么科学不科学，只要是对孩子中考有利的事情，都会竭尽全力去做。中考家长一贯信奉：宁可信其有，不可信其无。可怜天下父母心！

七

讲完了故事，2019年中考的第一科考试也即将结束了。

回望曾经的中考，它很重要，但是也无须背负太大压力。好高中就代表好大学吗？不一定。好大学就等于好人生吗？也未必。人生的每一个阶段都会有需要完成的任务等着你，尽力就好。但人生是一场马拉松，需要努力的地方还有好多好多，不止是中考。

八

最后，还是祝愿2019年以及以后所有的中考学子：旗开得胜！

自己的人生自己做主

一

又到了一年一度的高考出分季。这几天，各省的高考录取分数线陆续公布，每个高考学子也在既渴盼又紧张的心情中接到了自己的分数。

看着分数，肯定是几家欢喜几家愁。有的人惊喜于自己的超常发挥，没想到自己能考这么高分；有的人不相信，自己怎么才考了这么一点分，是否评卷老师评错了？还有的人后悔、懊恼、痛哭，早知道要面对这样的结果，当初为啥不好好努力呢？

不管心里怎么想，高考分数已经静静地躺在那里，看学生要怎么用这分数过上自己想要的生活。这时候就不要纠结分数了，只有高考志愿填报可以帮到自己。

二

自己的人生自己做主。

首先要确定自己的职业方向：以后是成为上班族还是自己创业。如果要创业，则选择一些对创业比较有帮助的专业，例如管理专业、会计专业、经济专业、金融专业等，当然也不绝对。如果要成为上班族，则选择一些自己感兴趣又比较容易就业的专业。如果能结合自己的特长来综合考虑就更好了。同时，创业和上班的专业之间是有交集的。

最重要的一点是：创业和上班的前提，都要首先看自己的兴趣是什么，兴趣点在哪里，这样可以少走弯路。否则，如果出现大学里改专业的情况，会比较麻烦。如果大学毕业以后学非所用，也是一件比较无奈的事情，虽然也不排除学非所用能做得更好，但是概率相对较小。

例如，如果对土木、建筑等专业感兴趣，就要做好准备以后经常跑建筑工地，多少要与钢筋水泥打交道。如果学会计，则以后与数字计算打的交道比较多。学英语，职业方向有翻译、教师等，我就接触到不少英语专业从翻译等其他行业转行到教师职业的。如果学医，则要做好长期艰苦学习的准备。学医如果只是本科学历，知识储备相对不够，也比较难找到工作，需要读研，甚至还要读博，读博毕业后参加实习，实习后可以找到比较满意的工作。学医回报时间长，一旦学成，是一个很有发展前途的选择。医学经验逐年累积，专业性强，成为上班族或者自己创业都是不错的方向。学体育专业，就业方向是教师、健身教练、各类体育场馆里的工作人员等。学金融，以后进各大投行、银行的可能性较大。学化学，则以后会接触到一些化学品、化工方面，还可以当化学老师。我就接触到好几位女老师是从化工转专业过来的，因为她们考虑到某些客观因素，所以工作几年后转向了教师行业。学生物学、动物学，则以后较多地接触到植物、动物等。学动物医学，以后大多当宠物医生，还可以创业，也是一个不错的朝阳行业。数学，是许许多多专业的基础专业，以后可以考研再确定具体的学习方向。学政治，以后大多进国营单位、政府机关，还可以当教师。学计算机专业，以后当程序员的可能性比较大，可以先了解一下程序员的生活。如果喜欢，这是挺好的选择。物联网和人工智能专业是目前比较热门的专业，发展前景可观。

三

　　总之，选择专业从自己的兴趣爱好出发是最明智的，再结合自己以后的职业规划以及个人的实际情况，选择一个较优方案，这是高考志愿报考能带给我们的。如果能利用好分数，则可能事半功倍。如果高考志愿填报不科学、不合理、不实际，则很可能浪费高分，导致以后的一系列问题。

　　所以，请广大考生及家长一定要打起十二分精神来对待高考志愿填报，高考志愿填报是人生的第二次高考！

旅游日记——浙江杭州行

杭州行第一天

"上有天堂，下有苏杭。"这句话给了我无尽的想象。特别是杭州，是我一直心心念念想去的地方，终于在2015年7月暑假成行！

7月20日一大早，我们一家老小拎着大包小包，兴奋地赶往高铁站，在高铁上度过了9个小时，终于抵达杭州市区，选了靠近西湖的宾馆住了下来。虽然飞机更快捷，但是自从十多年前坐飞机被高空气流剧烈地颠簸了大半个小时后，至今仍然心有余悸，但凡能自行选择交通工具，我都不会选择飞机，仍然喜欢脚踏实地的高铁、动车等，感觉心里比较踏实。

杭州行第二天

到了杭州，首先必到西湖。

先坐船游西湖。水光潋滟的西湖无边无际，让人不禁想吟诵"水光潋滟晴方好，山色空蒙雨亦奇。欲把西湖比西子，淡妆浓抹总相宜"。

曲径通幽。三潭映月小岛上别有洞天，恍如世外桃源，我们细细欣赏、拍照，不想离去。

从西湖的游船上了岸，再坐电瓶车环游西湖。坐着电瓶车环游西湖一圈需要70分钟，可见西湖多么的大！景点超多，景色真美。和煦的微风徐徐吹来，边欣赏满眼美景，边听着导游兼驾驶员生动地介绍典故，了解苏堤春晓、白堤等典故和长桥不长、断桥不断、孤山不孤的由来。此情此景，游人醉矣。

这一天充实而紧凑。

杭州行第三天

逛逛杭州的街道、商场，感受杭州的风土人情，又到美食一条街品尝东坡肉、糖醋鱼、叫花鸡、天目笋干等杭州美食，令人大快朵颐。

特别是杭州的东坡肉，红得透亮，色如玛瑙，软而不烂，肥而不腻，连从不吃肥肉的我都能一餐吃下两大块！东坡肉又名红烧肉、滚肉、东坡焖肉，据说是由北宋文学家苏轼首创。苏轼号东坡居士，东坡肉所以得名。

苏轼到任杭州期间，带领杭州人民解决了水患，为杭州人民做了许多好事，杭州人民非常敬重和怀念他，杭州许多地方都立了石碑，记录苏轼为当地百姓做过的好事。

杭州行第四天

杭州之行的第四天，我们到了杭州的隔壁苏州参观狮子林。苏州园林之狮子林，果然名不虚传。它是苏州名门贝氏家族的产业，国际著名建筑大师贝聿铭是贝氏家族的第十五代孙，贝聿铭的童年就在狮子林里度过。

贝聿铭设计过苏州博物馆、香港中银大厦、美国的大气研究中心、德国历史博物馆、多哈的伊斯兰艺术博物馆等，是苏州贝氏家族的"富15代"。中国俗语"富不过三代"，但贝家不但富过15代，而且第16代、17代个个都不差，这跟贝家的严谨家风、世代书香密不可分。

狮子林设计巧妙，独具匠心，每一个细小之处都认真雕琢，体现出设计者的巧夺天工。假山随处可见，人工湖里飘荡着无数的荷叶，那么大、那么圆。其中太湖石不计其数，每一块太湖石的价格都是那么的昂贵，显现出园林主人的家业殷实。狮子林三步一景、五步成诗，美景仿佛也在诉说着世事的沧桑与变迁。

观看"大潮起珠江"广东改革开放40周年展览有感

2018年12月1日早上,我前往深圳博物馆观看"大潮起珠江"广东改革开放40周年展览。

随着长长的人流,经过严格的安全检查,我们终于进入了"大潮起珠江"广东改革开放40周年展览馆内。恢弘的大厅气势磅礴,仿佛预示着广东改革开放40周年的壮丽画卷即将缓缓展现在我们面前,又似乎在告诉我们:国家对于改革开放的决心是巨大的,投入的人力和物力是空前的。

从1978年12月党的十一届三中全会做出把党和国家工作中心转移到经济建设上来开始,广东就率先成为改革开放的排头兵、先行地和实验区。广东先行先试,率先创办了深圳、珠海、汕头等经济特区,带领全省人民创造了许多全国第一,在改革开放大潮的洗礼中焕发生机,从一个经济落后的边陲省份一跃成为全国第一经济大省。

看着展览中的一件一件老物品,我仿佛回到了自己的童年、少年和青年时代。因为对于七零后来说,我们几乎是伴着广东的改革开放成长起来的,看着这些熟悉的旧物,心里不由得感慨万千。例如橱窗中那些陈旧的票证,不禁使我想起了自己的童年。我生于七十年代，那时如果谁家要买猪肉吃，必须凭肉票去买。肉票每个月发放一次，数量有限，而且有肉票也不一定能买到好的猪肉，必须排长龙抢购。当我上小学一二年级时，每到家里要买猪肉，这个光荣的任务就派给了我。不是我一个小女孩有多大本事，只是因为我父母认识当时在我们厂里卖猪肉的师傅，他是我们家乡人。所以每次我一个小女孩被别人推挤着，也跟别人一样挤到卖猪肉铺前时，就不停地喊着"曾叔，曾叔，我买一斤猪肉"，然后曾叔就会在众人的叫买声中很快地回应我，快速地割下一斤猪肉给我，接着我就在周围人异常羡慕的目光中，离开那熙熙攘攘的人群，兴高采烈地回家去。那情景至今记忆犹新，也特有成就感。现在，广东的各种食品供应丰富，牛肉、羊肉、猪肉、海鲜等应有尽有，人们对猪肉的期待已经没有原来那种兴奋的感觉了。

改革开放的成果，我们是有目共睹的，例如人民生活水平的极大提高、人民生活物资的极大丰富、让一部分人先富起来等，但是当时的改革背景、改革过程的艰难是我不曾知道的。通过观看展览，我对整个改革历程有了更清楚的了解，进一步清楚了广东的历史，更加深刻地体会到改革开放四十年给广东带来的翻天覆地的变化。

看着展览中的20世纪80年代深圳经济特区布吉联检站的通关场面，我不禁想起了自己在20世纪80年代中期第一次来到深圳的情景。那时姐姐在深圳当武警，正读初中的我和妈妈一起来探望。当时进入深圳必须办理边防证，边防证的办理都要等将近半个月才能办好。来到深圳，一切都是不曾看过的、新鲜的。还记得当时深圳到处热火朝天搞建设的情景，马路上到处堆着水泥沙石，工人们正在抓紧施工。仅仅过了几年时间，到20世纪90年代初期我再到深圳时，发现深圳的好多高楼大厦已经盖了起来，一派国际化大都市的雏形。是改革开放给深圳带来了机遇，带来了活力。20世纪90年代初期我就身处深圳，国贸大厦、蛇口工业区的孺子牛塑像我都曾经去参观过，看到展览厅里的深圳旧面貌展厅，倍感亲切。我在展览厅里呆了三个多小时，慢慢地走、慢慢地看，一边回忆，一边增加自己对广东改革开放知识的储备。

从军大衣、的确良、喇叭裤到风衣牛仔，再到现在的复古风，有些久远的服饰也正在成为潮流，例如目前售卖的一款运动鞋，价值不菲，就跟以前的同款解放鞋非常相像。改革开放前物资贫乏，买东西都要依靠各种票证才能购买。而现在，物资琳琅满目、应有尽有，人们购买物品也便捷多了。看到中意的东西，掏出手机扫一扫二维码或者用APP网上下单，那些物品就可以买到手或者通过快递送到家了。手机、QQ、微信的发明不仅让人们的联络更方便、更快捷，实现了地球村的梦想，也使人们的购买方式发生了巨变，真是科技改变生活啊！

股票、广州友谊超级商场、劳动合同制、包产到户等以前耳熟能详的词语，诉说着广东改革开放的历程。广东省改革开放的40年，是变市场经济为商品经济的40年，也是广东省人民艰苦奋斗的40年，改革开放的成果值得大家自豪。观看展览的过程，是我们回望过去、展望未来的过程，也是净化我们思想的过程。

无声的悼念

  周六的早晨，本是惬意的早晨、慵懒的早晨，然而，从大学同学群里看到一条噩耗：大学的班主任温远辉老师，因病于昨晚去世，永远地离开了我们。看着大学同学群中的悼念文字，我的眼泪止不住地往下掉。我想起了20多年前的大学时光，想起了那时的宿舍和教室，想起了他时不时骑单车赶到我们班嘘寒问暖的情景，想起了大学毕业时他的临别赠言："全身心建设好人生的大厦！"遒劲有力的笔迹历历在目，他年轻时的模样仍记忆犹新，然而斯人已然不在。那时只知道，我们进入大学时，他刚大学毕业几年，留校任教。现在算来，他不过大我们七、八岁，亦师亦兄。

  想起了进入大学的第一次联欢晚会，我和另一个同学合诵诗歌，晚会节目很丰富，有小品、唱歌、舞蹈等，气氛很热烈，也让初次离家的我们倍感集体的温暖。一台晚会，当时不会去想有多么难，现在想来，组织每一个活动都不容易，都要付出很多艰辛和努力。又想起了大学期间的一个班级舞会，教室的桌椅已全部搬到了靠墙的位置，围成圈排好，中间是给大家跳舞的地方，虽然简陋，但很温馨。舞会的灯光斑驳陆离，洒在我们的身上，音乐声轻柔淼淼，让人仿佛置身于歌舞厅之中。我们尽情起舞，把学习的疲惫、青春的烦恼悉数抛开，那一刻只感受歌舞带来的快乐和舒畅！那场景，让人至今历历在目。

　　还有入学两个月后的一次晚会，每个宿舍表演一个节目，我们在宿舍老大姐、一个懂音乐的同学的指导下，按照她编排的动作，表演了一个令全班同学和老师惊艳的节目——七星阁扇舞。在优美的音乐声中，我们袅袅娜娜的舞步赢得了热烈的掌声。至今过去了20多年，那个舞蹈的魅力仍让我们回味无穷。还有班级组织去黄埔游玩、去白云山游玩，处处留下了我们开心的身影。这些照片都是宝贵的青春回忆。总之，大学期间的班级活动是丰富多彩的，班主任温老师是尽心尽力的。他的态度很温和，极少严厉地批评我们，对每一个同学都是那么宽厚、仁慈。

　　温老师任教我们的基础写作课，要求严格。从第二学年开始时，他要求我们每学期期末交20篇文章，一学年共40篇，文体不限，字数不限，但是文章数量必须达标，学年末每人的40篇文章还要组织集体评奖。刚开始接到这个任务时，我记得自己叫苦连天，同学们也怨声载道。以前没有接受过这样的训练，怎么办？于是开始搜肠刮肚地凑，什么小说、散文、诗歌都在那40篇里有体现。开始写文章都是凑，后来越写兴趣越浓，俨然就成了作家，豪气满怀。期末评奖终于来了，我还清晰地记得评奖的情景，当时把好多张桌子拼凑在一起，评委评完后，所有同学都要去观摩学习，把其他同学的作品集看一看。我清楚地记得，当时这个奖项很好地激发了我的写作兴趣和写作自信心。我至今仍保留着这两本集子，里面记录了青春的轨迹，珍贵、难忘。

　　远不论大学，就是最近几年，我们全班同学仍与温老师保持着比较密切的联系。大学毕业后，由于以前通讯没那么发达，好多大学同学都失联了。六年前和大学同学联系上以后，同学们的交流非常频密，温老师也一直在我们群里，经常参加我们的聚会。大家仿佛又回到了大学时代，又变得年轻起来。仍记得聚会上的谈笑风生，碰杯频频。

　　2018年是难忘的一年，我家娃高考。我跟温老师请教大学及专业，分析我家娃更适合哪个专业，他不厌其烦地帮我分析，还找朋友帮我解答、写推荐信。现在推算起来，他那时已经知道自己的病情了，但是叮嘱知情的几个学生不要说，不让我们去探望，怕我们看见他被病魔折磨后的样子，怕我们伤心。今天想起这些，让人泫然欲泣，这就是师者的情怀吧！

来看看同学们的文字："沉重悼念，永远怀念。惊雷白露响，泪雨漫天洒。恩师归去巨星陨，弟子悲咽掩万家。""诗词歌赋春秋在，人间再无温远辉。阴阳从此两相隔，天堂陡添新骚人。""另关于同学提到恩师生病期间无信息一事，实则恩师一再交代别告知大家，一怕大家麻烦，二怕大家见他后伤心……望大家能体会到恩师慈爱之心……""昨夜谱成伤别调，今宵哭寄悼亡词。惊闻重听西海曲，低眉默念葬花诗……""一年多来，每每去跟您聊天，您的从容、师娘的坚强，都让我们感动。您总是宽慰我们'过阵子我身体好了，我们再聚聚'。病床前您微弱的'谢谢'，是对我们最后的教诲。善良、淳朴、宽厚……温老师，如果有来世，我们还做您的学生！""亦兄亦友之师，去了最远的远方。回想师之每每寄语，回想师之音容笑貌，如此春风化雨，如此温润人心……"这些文字，不但寄托着学生的哀思，又何尝不是老师辛苦培育的果实？

要回忆的场景很多很多，千言万语化成一句话：温老师，一路走好！愿您在天堂永无病痛，永远安好！